Pius Masai Mwachi

Universidades - Segurança, Protecção, Emergência e Gestão de Catástrofes (Incidentes e Eventos)

Pius Masai Mwachi

Universidades - Segurança, Protecção, Emergência e Gestão de Catástrofes (Incidentes e Eventos)

Sistema de Comando de Incidentes (ICS)

ScienciaScripts

Imprint
Any brand names and product names mentioned in this book are subject to trademark, brand or patent protection and are trademarks or registered trademarks of their respective holders. The use of brand names, product names, common names, trade names, product descriptions etc. even without a particular marking in this work is in no way to be construed to mean that such names may be regarded as unrestricted in respect of trademark and brand protection legislation and could thus be used by anyone.

Cover image: www.ingimage.com

Este livro é uma tradução do original publicado sob ISBN 978-620-2-79788-7.

Publisher:
Sciencia Scripts
is a trademark of
International Book Market Service Ltd., member of OmniScriptum Publishing Group
17 Meldrum Street, Beau Bassin 71504, Mauritius
Printed at: see last page
ISBN: 978-620-2-74387-7

SEGURANÇA, SEGURANÇA, EMERGÊNCIA E GESTÃO DE CATÁSTROFES

PARA

UNIVERSIDADES E OUTRAS INSTITUIÇÕES DE ENSINO SUPERIOR

(COMANDANTE DO INCIDENTE)

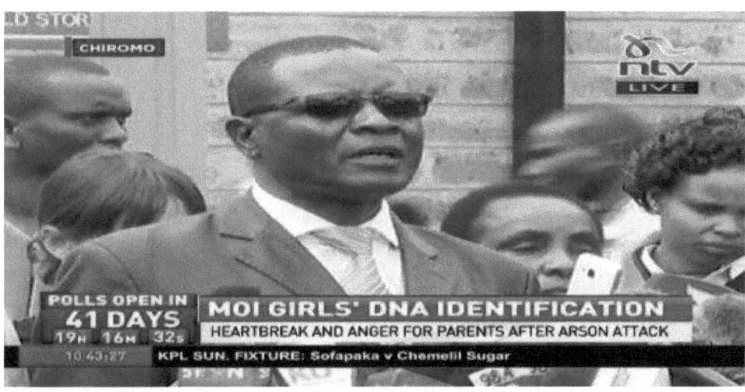

MR. PIUS MASAI MWACHI EMS-I, EMT, BTLS, BCLS, OGW
ESPECIALISTA EM SEGURANÇA, SEGURANÇA, EMERGÊNCIA E GESTÃO DE CATÁSTROFES

(1ª EDIÇÃO AGOSTO DE 2020)

Copyright © 2020 por Pius Masai

da editora, excepto no caso de breves citações incorporadas em críticas e certas outras utilizações não comerciais permitidas pela lei dos direitos de autor. Para pedidos de permissão, escrever à editora, endereçado "Atenção: Coordenador de permissões", no endereço abaixo.

MR. PIUS MASAI MWACHI EMS-I, EMT, BTLS, BCLS, OGW
P.O Box 8491-00200
Nairobi - Quénia
Tel: +254 722 644 085   + 254 755 652 021 +254 706 674 832
Email piusmasai@yahoo.com , piusmasai1968@gmail.com, pmacemergencytrg@gmail.com
, pimaclimited@gmail.com

Impresso no Quénia.

Primeira Impressão, 2020.

ÍNDICE

RESUMO EXECUTIVO

Este livro foi desenvolvido e publicado por um especialista de classe mundial, figura de renome a nível nacional, regional e internacional em matéria de Segurança, Protecção e Resiliência a Catástrofes.

PIUS MASAI MWACHI EMS-I, EMT, BTLS, BCLS, OGW, procura melhorar os padrões de Gestão de Emergência e Desastres. Promove esforços de colaboração no domínio da segurança e protecção, especialmente na prevenção, mitigação, preparação, resposta a situações de catástrofe e crise, ao mesmo tempo que apoia uma recuperação rápida. Desejo elogiar vários profissionais com vastas experiências em Segurança, Protecção, Gestão de Riscos de Catástrofes e assuntos humanitários, entre outros, que publicaram livros semelhantes. Juntei-me a vós como gestor de emergência e não como concorrente. Vamos melhorar a preparação das pessoas a fim de tornar o mundo um lugar melhor para ficar.

Este livro permitirá aos seus alunos definir as emergências e o desastre. Serão capazes de identificar perigos comuns para emergências e desastres, pessoas importantes, instalações importantes, o que fazer e o que não fazer.

Este livro é um grande trunfo para a gestão de emergências no Quénia e não só.

MR. PIUS MASAI MWACHI EMS-I, EMT, BTLS, BCLS, OGW
ESPECIALISTA EM SEGURANÇA, SEGURANÇA, EMERGÊNCIA E GESTÃO DE CATÁSTROFES

Mais de 36 anos Consultor de Segurança, Consultor de Segurança, Consultor de Emergência & Especialista em Gestão de Catástrofes; Director Geral PIMAC International Limited (Formação & Consultoria); Director Geral de Emergência & Clube de Voluntários de Gestão de Catástrofes - Mundial; Director Geral Global Bureau of Safety, Emergency & Disaster; All Hazard Safety & Advisor; International Trainer; Membro do Comité Técnico do Kenya Bureau of Standards (KEBS); Comandante de Melhores Práticas Mundiais para Incidentes de Multi-Agência; Campeão da Mudança, Cultura de Segurança e Defesa das Melhores Práticas;

Formador, Formador Aprovado e Autorizado pela Autoridade Nacional de Formação Industrial (NITA); Servidor do Povo e Serviço à Humanidade; Antigo Director Adjunto - Unidade Nacional de Gestão de Catástrofes (NDMU) ;Antigo Oficial do Pessoal Regional - Operações (Região Nyanza) & Antigo Director Geral - J.K. Bake Limited.

Data: 18 de Agosto de 2020

RECONHECIMENTO

Isto é para reconhecer Deus, amigos e profissionais de diferentes instituições, agências, organizações (locais e internacionais) sem mencionar nomes, a família Masai sem esquecer Kennedy O. Masai pelo apoio técnico especial e as minhas esposas (Mellab O. Masai e Jessca Y. Masai) por me proporcionarem um ambiente propício para queimar o óleo da meia-noite no desenvolvimento deste livro. Em separado, quero agradecer às Nações Unidas (ONU) e aos Estados membros da ONU que participaram no Sendai Framework por me terem fornecido literatura que citei e pedi emprestada na minha introdução. A Organização para a Proibição da Convenção sobre Armas Químicas (OPCW), por citar a sua literatura ao sensibilizar o leitor para este livro sobre gestão de materiais perigosos. Em último lugar, mas não na lista, gostaria de agradecer à minha equipa de investigação, estudiosos e editores pelo seu apoio.

MR. PIUS MASAI MWACHI EMS-I, EMT, BTLS, BCLS, OGW
ESPECIALISTA EM SEGURANÇA, SEGURANÇA, EMERGÊNCIA E GESTÃO DE CATÁSTROFES

PRÓXIMO

O planeamento na gestão de emergências proporciona uma melhor preparação na prevenção, mitigação, resposta eficaz e recuperação rápida.

As instituições de ensino sofreram ataques de criminosos e, portanto, resultando em perda de vidas, ferimentos e danos materiais.

Através de formação e orientações adequadas, os alunos serão capazes de prevenir, mitigar, preparar, responder eficazmente a emergências e catástrofes. Este livro ajudará os alunos a adquirir conhecimentos e competências na gestão de emergências e catástrofes.

MR. PIUS MASAI MWACHI EMS-I, EMT, BTLS, BCLS, OGW
ESPECIALISTA EM SEGURANÇA, SEGURANÇA, EMERGÊNCIA E GESTÃO DE CATÁSTROFES

CAPÍTULO 1

INTRODUÇÃO

Este livro é para estudantes do ensino secundário. O livro destina-se a equipar a Universidade e outros estudantes de ensino superior com conhecimentos e competências em gestão de catástrofes. O livro tem imagens e definições que permitirão aos estudantes compreender facilmente.

Quadro Sendai para a Redução do Risco de Catástrofes 2015-2030 (Citação)

"Terceira Conferência Mundial da ONU sobre a Redução de Riscos de Catástrofes

O Quadro de Sendai foi adoptado pelos Estados Membros da ONU a 18 de Março de 2015 na Terceira Conferência Mundial da ONU sobre a Redução de Riscos de Catástrofes na Cidade de Sendai, Prefeitura de Miyagi, Japão.

O Quadro Sendai é um acordo voluntário, não vinculativo, de 15 anos, que reconhece que o Estado tem o papel principal de reduzir o risco de catástrofe, mas que a responsabilidade deve ser partilhada com outros intervenientes, incluindo o governo local, o sector privado e outros intervenientes.

O seu objectivo é o seguinte

A redução substancial do risco de catástrofes e perdas em vidas, meios de subsistência e saúde e no património económico, físico, social, cultural e ambiental de pessoas, empresas, comunidades e países.

FAZER A DIFERENÇA PARA A POBREZA, SAÚDE E RESILIÊNCIA

O Sendai Framework for Disaster Risk Reduction 2015-2030 (Quadro Sendai) é o primeiro grande acordo da agenda de desenvolvimento pós-2015, com sete objectivos e quatro prioridades de acção.

Foi aprovada pela Assembleia Geral da ONU na sequência da Terceira Conferência Mundial da ONU sobre a Redução de Riscos de Catástrofes (WCDRR), em 2015.

O Sendai Framework é o instrumento sucessor do Hyogo Framework for Action (HFA) 2005-2015: Construir a Resiliência das Nações e Comunidades a Catástrofes. É o resultado das consultas às partes interessadas iniciadas em Março de 2012 e das negociações intergovernamentais realizadas entre Julho de 2014 e Março de 2015, que foram apoiadas pelo UNISDR a pedido da Assembleia Geral da ONU.

A UNISDR foi encarregada de apoiar a implementação, acompanhamento e revisão do Quadro Sendai.

O Quadro Sendai para a Redução do Risco de Catástrofes 2015-2030 delineia sete objectivos claros e quatro prioridades de acção para prevenir novos e reduzir os riscos de catástrofes existentes:

Os Sete Alvos Globais

(a) Reduzir substancialmente a mortalidade global de desastres até 2030, visando reduzir a média por 100.000 de mortalidade global na década de 2020-2030 em comparação com o período 2005-2015.

(b) Reduzir substancialmente o número de pessoas afectadas a nível mundial até 2030, com o objectivo de baixar a média global por 100.000 na década de 2020-2030, em comparação com o período 2005-2015.

(c) Reduzir as perdas económicas directas por catástrofe em relação ao produto interno bruto (PIB)
 global até 2030.

(d) Reduzir substancialmente os danos causados pelas catástrofes às infra-estruturas críticas e a perturbação dos serviços básicos, entre eles as instalações sanitárias e educativas, nomeadamente através do desenvolvimento da sua resiliência até 2030.

(e) Aumentar substancialmente o número de países com estratégias nacionais e locais de redução do risco de catástrofes até 2020.

(f) Aumentar substancialmente a cooperação internacional com os países em desenvolvimento através de apoio adequado e sustentável para complementar as suas acções nacionais de implementação deste Quadro até 2030.

(g) Aumentar substancialmente a disponibilidade e o acesso aos sistemas de alerta precoce multi-risco e às informações e avaliações do risco de catástrofes para as populações até 2030.

As Quatro Prioridades de Acção

Prioridade 1. Compreender o risco de catástrofe

A gestão do risco de catástrofe deve basear-se na compreensão do risco de catástrofe em todas as suas dimensões de vulnerabilidade, capacidade, exposição de pessoas e bens, características de perigo e do ambiente. Tais conhecimentos podem ser utilizados para a avaliação, prevenção, mitigação, prontidão e resposta aos riscos.

Prioridade 2. Reforçar a governação do risco de catástrofes para gerir o risco de catástrofes

A governação do risco de catástrofes a nível nacional, regional e global é muito importante para a prevenção, atenuação, preparação, resposta, recuperação e reabilitação. Promove a colaboração e a parceria.

Prioridade 3. Investir na redução do risco de desastres para a resiliência

O investimento público e privado na prevenção e redução do risco de catástrofes através de medidas estruturais e não estruturais é essencial para aumentar a resistência económica, social, sanitária e cultural das pessoas, comunidades, países e seus bens, bem como do ambiente.

Prioridade 4. Melhorar a preparação para catástrofes para uma resposta eficaz e para "Construir melhor" na recuperação, reabilitação e reconstrução

O crescimento do risco de catástrofes significa que há necessidade de reforçar a prontidão de resposta, tomar medidas em antecipação dos acontecimentos, e assegurar a existência de capacidades para uma resposta e recuperação eficazes a todos os níveis. A fase de recuperação, reabilitação e reconstrução é uma oportunidade crítica para reconstruir melhor, incluindo através da integração da redução do risco de desastres nas medidas de desenvolvimento.

Guias de implementação para o Sendai Framework

O Quadro Sendai para a Redução de Riscos de Catástrofes traça o curso global ao longo dos próximos 15 anos. Durante as consultas e negociações que levaram à sua finalização, foram feitos fortes apelos ao desenvolvimento de orientações práticas para apoiar a implementação, assegurar o envolvimento e a apropriação da acção por todas as partes interessadas, e reforçar a responsabilidade na redução do risco de desastres.

O parágrafo 48 (c) do Quadro Sendai apela "ao Gabinete das Nações Unidas para a Redução de Riscos de Catástrofes (UNISDR), em particular, para apoiar a implementação, acompanhamento e revisão deste quadro através [...] da geração de orientações práticas e baseadas em provas para a implementação em estreita colaboração com os Estados, e através da mobilização de peritos; reforçando uma cultura de prevenção nas partes interessadas relevantes [...]". A fim de apoiar o processo, devem ser desenvolvidos vários guias de implementação do Quadro Sendai.

O seu objectivo é alcançar a redução substancial do risco de desastres e das perdas em vidas, meios de subsistência e saúde e nos bens económicos, físicos, sociais, culturais e ambientais de pessoas, empresas, comunidades e países durante os próximos 15 anos.

O Quadro foi adoptado na Terceira Conferência Mundial da ONU sobre a Redução de Riscos de Catástrofes em Sendai, Japão, a 18 de Março de 2015".

Objectivos de Aprendizagem

O aprendente será capaz de o fazer:

- Definir termos-chave e definições.
- Compreender as definições-chave
- Compreender as interpretações

Definições

O termo catástrofe tem muitas definições de diferentes estudiosos.

Desastre

Definição 1

Uma **catástrofe** é uma ocorrência que perturba as condições normais de existência e causa um nível de sofrimento que excede a capacidade de ajustamento da comunidade afectada.

Definição 2

O desastre é um acidente repentino ou uma catástrofe natural que causa grandes danos ou perda de vidas.

Incidente

Um incidente é algo que acontece; um evento ou ocorrência.

Emergência

Uma **emergência** é uma situação que representa um risco imediato para a <u>saúde</u>, <u>vida</u>, <u>propriedade</u>, ou <u>ambiente</u>.

999 ou 112

Ajuda

A ajuda é dar ou fornecer o que é necessário para realizar uma tarefa ou satisfazer uma necessidade.

Evacuação

A evacuação é a acção de evacuação de uma pessoa ou de um lugar.

Ponto de Montagem

O ponto de encontro é um local designado onde as pessoas foram aconselhadas a esperar após a evacuação de um edifício ou de um escritório.

Interpretações de termos

Prevenção de Catástrofes

A prevenção de catástrofes são medidas tomadas para detectar, conter e prevenir eventos ou circunstâncias que, se não forem controladas, poderão resultar numa catástrofe.

Atenuação de desastres

A atenuação de catástrofes é a adopção de medidas para eliminar ou reduzir os impactos e riscos de perigos através de medidas proactivas tomadas antes da ocorrência de uma emergência ou **catástrofe.**

Preparação para catástrofes

A preparação para catástrofes refere-se às medidas tomadas para preparar e reduzir os efeitos das **catástrofes**. Ou seja, para prever e, sempre que possível, prevenir **catástrofes**, mitigar o seu impacto nas populações vulneráveis, e responder e lidar eficazmente com as suas consequências.

Resposta a desastres

Resposta a desastres significa, decisões e medidas tomadas para (1) conter ou mitigar os efeitos de um evento desastroso para evitar qualquer perda de vidas e/ou bens, (2) restaurar a ordem.

Recuperação em caso de desastre

A recuperação em caso de catástrofe (DR) envolve um conjunto de políticas, instrumentos e procedimentos que permitem a **recuperação** ou continuação de infra-estruturas e sistemas tecnológicos vitais após uma **catástrofe** natural ou induzida pelo homem.

Perigo

Meios, perigo, risco, ameaça ou que possa causar uma emergência ou catástrofe

Risco

Risco significa uma probabilidade ou ameaça de dano, lesão, responsabilidade, perda, ou qualquer outra ocorrência negativa que seja causada por vulnerabilidades externas ou internas, e que possa ser evitada através de uma acção preventiva.

Perigos naturais e desastres naturais

Um perigo natural é uma ameaça de um acontecimento natural que terá um efeito negativo nos seres humanos. Este efeito negativo é aquilo a que chamamos um desastre natural. Por outras palavras, quando a ameaça perigosa acontece de facto e prejudica os seres humanos, chamamos ao evento um desastre natural.

Catástrofes provocadas pelo Homem

Um acontecimento desastroso **causado** directa e principalmente por uma ou mais acções humanas deliberadas ou negligentes identificáveis. Também chamado **catástrofe de** origem humana.

CBRN & E

Meios, Químicos, Biológicos, Radiológicos, Nucleares e Explosivos

Resiliente
Resiliente, sendo forte e capaz de recuperar no mais curto espaço de tempo.

Compreender o risco de catástrofe (Quadro Sendai)

 As políticas e práticas de gestão do risco de desastres devem basear-se numa compreensão do risco de desastres em todas as suas dimensões de vulnerabilidade, capacidade, exposição de pessoas e bens, características de perigo e do ambiente. Tal conhecimento pode ser aproveitado para efeitos de avaliação do risco de catástrofes, para a prevenção e mitigação e para o desenvolvimento e implementação de preparação apropriada e resposta eficaz a catástrofes.

Compreender o risco de catástrofe (Quadro Sendai)

As políticas e práticas de gestão do risco de desastres devem basear-se numa compreensão do risco de desastres em todas as suas dimensões de vulnerabilidade, capacidade, exposição de pessoas e bens, características de perigo e do ambiente. Tal conhecimento pode ser aproveitado para efeitos de avaliação do risco de catástrofes, para a prevenção e mitigação e para o desenvolvimento e implementação de preparação apropriada e resposta eficaz a catástrofes.

Reforçar a governação do risco de catástrofes para gerir o risco de catástrofes (Quadro Sendai)

 A governação do risco de desastres a nível nacional, regional e global é de grande importância para uma gestão eficaz e eficiente do risco de desastres. É necessária uma visão clara, planos, competência, orientação e coordenação dentro e entre sectores, bem como a participação das partes interessadas relevantes. O reforço da governação do risco de desastres para a prevenção, mitigação, prontidão, resposta, recuperação e reabilitação é portanto necessário e fomenta a colaboração e parceria entre mecanismos e instituições para a implementação de instrumentos relevantes para a redução do risco de desastres e desenvolvimento sustentável.

Melhorar a preparação para catástrofes para uma resposta eficaz e para "Construir melhor" na recuperação, reabilitação e reconstrução (Quadro Sendai)

O crescimento constante do risco de desastres, incluindo o aumento da exposição de pessoas e bens, combinado com as lições aprendidas de desastres passados, indica a necessidade de reforçar ainda mais a prontidão de resposta a desastres, tomar medidas em antecipação dos eventos, integrar a redução do risco de desastres na prontidão de resposta e assegurar a existência de capacidades para uma resposta eficaz e recuperação a todos os níveis. Capacitar as mulheres e as pessoas com deficiência para liderar publicamente e promover uma resposta equitativa e universalmente acessível, abordagens de recuperação, reabilitação e reconstrução é fundamental. As catástrofes demonstraram que a fase de recuperação, reabilitação e reconstrução, que precisa de ser preparada antes de uma catástrofe, é uma oportunidade crítica para "Construir Melhor", incluindo através da integração da redução do risco de catástrofes em medidas de desenvolvimento, tornando as nações e comunidades resistentes às catástrofes.

Papel dos intervenientes (Estrutura Sendai)

Embora os Estados tenham a responsabilidade global de reduzir o risco de catástrofe, é uma responsabilidade partilhada entre os Governos e as partes interessadas relevantes. Em particular, as partes interessadas não estatais desempenham um papel importante como facilitadores na prestação de apoio aos Estados, de acordo com as políticas, leis e regulamentos nacionais, na implementação do presente Quadro a nível local, nacional, regional e global. O seu empenho, boa vontade, conhecimento, experiência e recursos serão necessários.

Cooperação internacional e parceria global

Considerações gerais

 Dadas as suas diferentes capacidades, bem como a ligação entre o nível de apoio que lhes é prestado e a medida em que serão capazes de implementar o presente Quadro, os países em desenvolvimento requerem um maior fornecimento de meios de implementação, incluindo recursos adequados, sustentáveis e oportunos, através da cooperação internacional e de parcerias globais para o desenvolvimento, e um apoio internacional contínuo, de modo a reforçar os seus esforços para reduzir o risco de catástrofes.

Ciclo de Gestão de Catástrofes

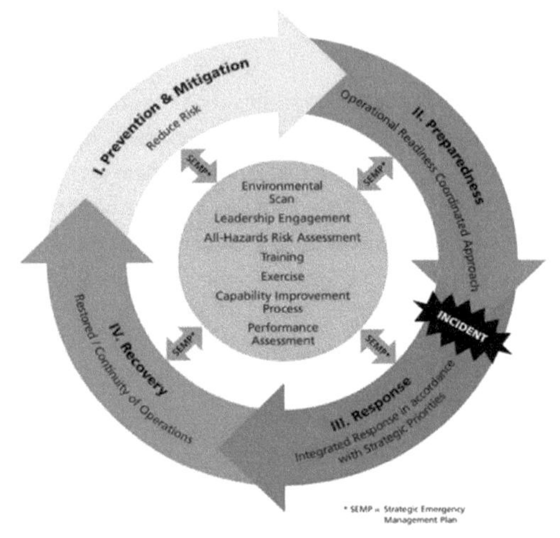

I. Prevention & Mitigation
Reduce Risk
II. Preparedness
Operational Readiness Coordinated Approach
Environmental Scan
Leadership Engagement
All-Hazards Risk Assessment
Training
Exercise
Capability Improvement Process
Performance Assessment
SEMP*
SEMP*
SEMP*
SEMP*
INCIDENT
IV. Recovery
Restored / Continuity of Operations
III. Response
Integrated Response in accordance with Strategic Priorities
* SEMP = Strategic Emergency Management Plan

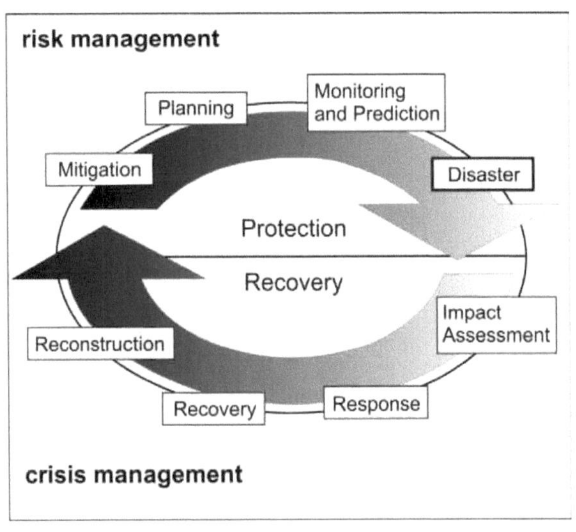

risk management
Planning
Monitoring and Prediction
Mitigation
Disaster
Protection
Recovery
Reconstruction
Impact Assessment
Recovery
Response
crisis management

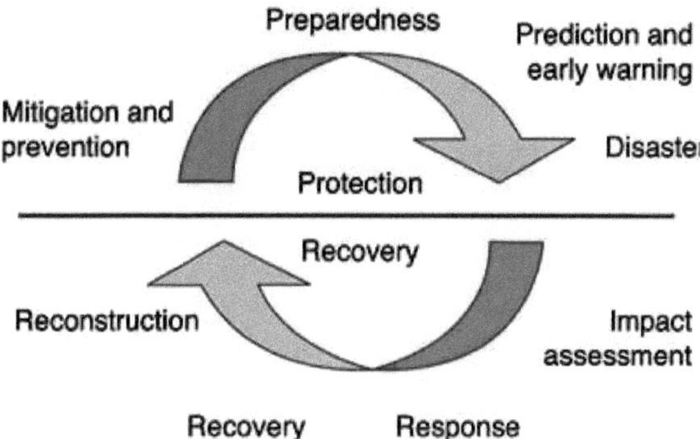

RISK MANAGEMENT
Preparedness
Prediction and early warning
Mitigation and prevention
Disaster
Protection
Recovery
Reconstruction
Impact assessment
Recovery
Response
CRISIS MANAGEMENT

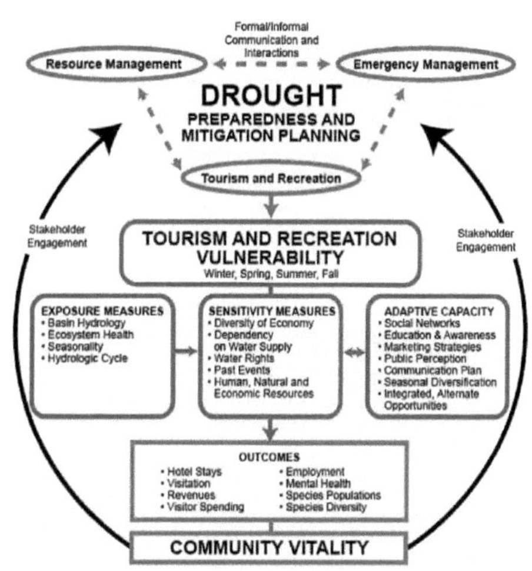

Formal/Informal Communication and Interactions
Resource Management
Emergency Management
DROUGHT
PREPAREDNESS AND MITIGATION PLANNING
Tourism and Recreation
Stakeholder Engagement
Stakeholder Engagement
TOURISM AND RECREATION VULNERABILITY
Winter, Spring, Summer, Fall
EXPOSURE MEASURES
• Basin Hydrology
• Ecosystem Health
• Seasonality
• Hydrologic Cycle
SENSITIVITY MEASURES
• Diversity of Economy
• Dependency on Water Supply
• Water Rights
• Past Events
• Human, Natural and Economic Resources
ADAPTIVE CAPACITY
• Social Networks
• Education & Awareness
• Marketing Strategies
• Public Perception
• Communication Plan
• Seasonal Diversification
• Integrated, Alternate Opportunities
OUTCOMES
• Hotel Stays
• Visitation
• Revenues
• Visitor Spending
• Employment
• Mental Health
• Species Populations
• Species Diversity
COMMUNITY VITALITY

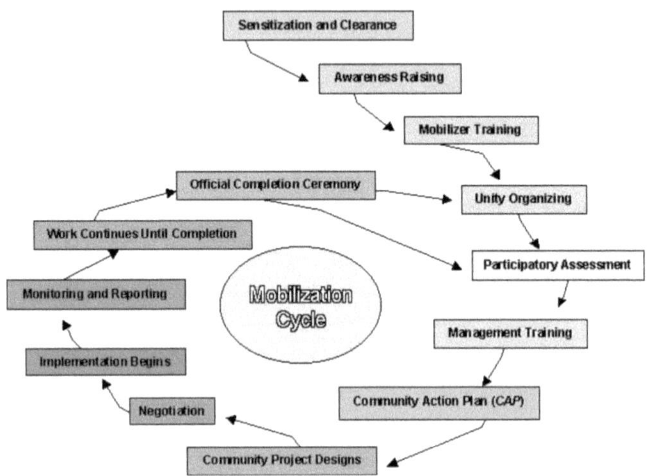

Sensitization and Clearance
Awareness Raising
Mobilizer Training
Official Completion Ceremony
Unity Organizing
Work Continues Until Completion
Participatory Assessment
Monitoring and Reporting
Mobilization Cycle
Management Training
Implementation Begins
Community Action Plan (CAP)
Negotiation
Community Project Designs

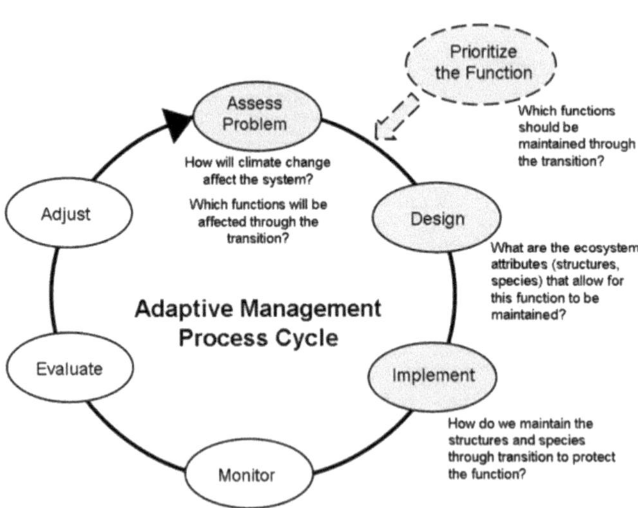

Prioritize the Function
Assess Problem
Which functions should be maintained through the transition?
How will climate change affect the system?
Which functions will be affected through the transition?
Adjust
Design
What are the ecosystem attributes (structures, species) that allow for this function to be maintained?
Adaptive Management Process Cycle
Evaluate
Implement
How do we maintain the structures and species through transition to protect the function?
Monitor

HEIGHTENED EL NIÑO-RELATED HEALTH RISKS

CAPÍTULO 2

PERIGOS COMUNS QUE DESASTRE DE CURSO NO QUÉNIA

Objectivos de aprendizagem

O aprendente será capaz de:-

- Reconhecer as catástrofes comuns no Quénia.
- Identificar os diferentes tipos de desastres.

Há muitos perigos comuns que causam catástrofes.

- Acidentes de Trânsito Rodoviário
- Desastre de incêndio
- Colapso de edifícios
- Inundações
- Secas
- Relâmpago
- Terrorismo
- Doenças transmissíveis, entre outras.
- Acidentes Ferroviários
- Crash de ar
- Acidentes com a água
- Acidentes industriais

Acidentes de Trânsito Rodoviário

Causas dos acidentes de viação:

- Incumprimento das leis, regras e regulamentos de trânsito.
- Incumprimento dos sinais e sinais de trânsito.
- Erro humano no condutor.
- Erro humano nos peões.
- Erro humano nos passageiros.

- Defeitos de estrada.
- Defeitos de veículos motorizados.
- Clima.
- Animais na estrada.
- Qualquer outra causa.

Efeitos dos Acidentes de Circulação Rodoviária

- Morte,
- Lesões e
- Danos à propriedade.

Desastre de incêndio

O fogo é a oxidação rápida de um material no processo químico exotérmico de combustão, libertando calor, luz, e vários produtos de reacção.

Causas de incêndio

- Equipamento de cozedura.
- Aquecimento.
- Fumar nos quartos.
- Equipamento eléctrico.
- Velas.
- Crianças curiosas
- Cablagem defeituosa.
- Churrascos.

Efeitos do Fogo

- Morte,
- Lesões e
- Danos à propriedade.

Desastre de Colapso de Edifícios

Um **edifício** sofre um **colapso** progressivo quando um elemento **estrutural** primário falha, resultando na falha de elementos **estruturais** adjacentes, o que, por sua vez, causa mais falhas **estruturais.**

Causas de colapso de edifícios

- As fundações são demasiado fracas.
- Os materiais de construção não são suficientemente fortes.
- Os trabalhadores cometem erros.
- A carga é mais pesada do que o esperado.
- A força não é testada.

Efeitos do colapso de edifícios

- Morte,
- Lesões e
- Danos à propriedade.

Catástrofe das cheias

Uma inundação é um extravasamento de uma grande quantidade de água para além dos seus limites normais.

Causas das cheias

- Quando um rio rebenta as suas margens e a água se derrama sobre a planície de inundação.
- Chuva forte.

Efeitos das Inundações

- Perda de vidas humanas.
- Danos à propriedade.
- Destruição de culturas.
- Perda de gado.
- Deterioração das condições de saúde devido a doenças transmitidas pela água.

Catástrofe Terrorista

O terrorismo é uma ameaça à paz e à segurança internacionais. Devemos, portanto, tomar todas as medidas necessárias para combater o terrorismo, juntando-nos ao resto do mundo na luta contra a ameaça representada pelos terroristas. Para nos protegermos dos terroristas que operam na região, precisamos de ter a capacidade de manter a segurança, vigilância constante nas fronteiras porosas, de localizar e detectar agentes terroristas, estrangeiros ilegais e as suas actividades e de ter uma capacidade de resposta rápida para derrotar um ataque terrorista iminente.

É necessário criar uma estratégia destinada a colmatar as deficiências identificadas, a qual informará sobre as formas de combater a ameaça do terrorismo a curto, médio e longo prazo. Isto reforça a luta contra o terrorismo e ancora-a nos quatro pilares: PREVENIR, PROTEGER, DISRUPT e RESPONDER.

Definição
Terrorismo; Não existe uma definição universalmente aceite de terrorismo.

Definição de Terrorismo das Nações Unidas; os actos criminosos destinados ou calculados para provocar um estado de terror no público em geral, um grupo de pessoas ou pessoas particulares para fins políticos são em quaisquer circunstâncias injustificáveis, quaisquer que sejam as considerações de natureza política, filosófica, ideológica, racial, étnica, religiosa ou qualquer outra natureza que possa ser invocada para os justificar.

União Africana Definição de Terrorismo; Qualquer acto que constitua uma violação das leis penais de um Estado Parte e que possa pôr em perigo a vida, a integridade física ou a liberdade de, ou causar ferimentos graves ou morte a qualquer pessoa, qualquer número ou grupo, ou causar ou poder causar danos a bens públicos ou privados, recursos naturais, ambiente ou património cultural e que seja calculado ou destinado a fazê-lo; intimidar, colocar em medo, forçar, coagir ou induzir qualquer governo, organismo, instituição, o público em geral ou qualquer segmento do mesmo, a fazer ou abster-se de fazer qualquer acto, ou adoptar ou abandonar um ponto de vista particular, ou agir de acordo com certos princípios; ou perturbar qualquer serviço público, a prestação de qualquer serviço essencial ao público ou criar uma emergência pública; ou criar uma insurreição geral num Estado.

Comunidade da África Oriental Definição de Terrorismo; significa qualquer acto de violência ou ameaça de **terrorismo**, quaisquer que sejam as suas razões ou objectivos, e que ocorra em resultado de uma acção criminosa individual ou comunitária, e que vise causar terror entre as pessoas, assustá-las, expor as suas vidas ou liberdades ou segurança ao perigo, causar danos ao ambiente ou a qualquer utilidade ou propriedade pública ou privada ou a sua confiscação ou expropriação ou a exposição de qualquer dos recursos naturais ao perigo.

Contra o terrorismo; são medidas que visam prevenir, dissuadir e responder eficazmente a mensagens extremistas violentas e actos de terrorismo.

Anti-terrorismo; são medidas utilizadas para reduzir a vulnerabilidade dos indivíduos e dos bens a actos terroristas.

Pius Masai Mwachi, EMT, OGW. Define Terrorismo; uso ilegal de violência e intimidação, especialmente contra civis, na prossecução de objectivos pessoais, grupais ou políticos.

Causas

- Factores económicos.
- Factores políticos.
- Factores sociais

Efeitos do Terrorismo

- Morte.
- Lesões.
- Danos à propriedade.
- Perda económica.

Desastres aligeirados

Definição

Um raio é um clarão brilhante de electricidade produzido por uma trovoada.

Causas de Iluminação

A carga positiva do solo liga-se com a carga negativa das nuvens e uma faísca de **trovoada**.

Catástrofe de Doenças Transmissíveis

O que é uma doença transmissível?

Definição

Uma doença transmissível é aquela que se propaga de uma pessoa para outra através de uma variedade de formas que incluem:

- Contacto com sangue e fluidos corporais;
- Respirar num vírus transmitido pelo ar;
- Ser mordido por um insecto.

Doenças transmissíveis comuns

As doenças transmissíveis são causadas por agentes patogénicos transmitidos de um ser humano para outro.

Os agentes patogénicos são:-

- Viral,
- Bacteriano,
- Parasitário e

- Fungos.

Os métodos de transmissão incluem:-

- Mucus,
- Sangue,
- Respiração,
- Saliva e
- Contacto sexual.

Superfícies contaminadas, tais como:-

- maçanetas de porta e
- Tampos de balcão e equipamento de parques infantis,

Fornecem um meio de transmissão de doenças de um ser humano para outro.

As doenças transmissíveis comuns são:-

Coronavírus (COVID- 19 PANDEMIC)

Afecta todas as idades - vias respiratórias através da boca, nariz e olhos. Todos são aconselhados a seguir as directrizes de segurança, a lavar as mãos frequentemente com sabão ou a higienizar, mantendo distância e ficando em casa. Visível no prazo de 14 dias após ter sido afectado. Até agora não há vacina, mas os cientistas de todo o mundo estão a trabalhar 24 horas por dia para encontrar uma vacina.

Análise da situação da Covid-19

O Coronavírus é transmitido de pessoa a pessoa através de gotículas de tosse. Os sinais comuns de infecção incluem sintomas respiratórios, febre e tosse, falta de ar e dificuldades respiratórias. Em casos mais graves, a infecção causa pneumonia, síndrome respiratória aguda grave, insuficiência renal e até morte. As normas da política de saúde prevêem que manter uma distância social de pelo menos um metro e evitar apertos de mão ajuda a prevenir a contracção do coronavírus. A lavagem das mãos com sabão e/ou higienizadores, o uso de máscaras e centros de pulverização e pontos de prestação de serviços essenciais são medidas sanitárias comprovadas para prevenir a infecção e transmissão do corvírus corvídeo-19.

Covid-19 continua a ser a temida pandemia global, tendo nivelado múltiplas infecções e mortes na raça humana em todo o mundo. A doença causada pelo coronavírus (SARS-CoV-2) tem um impacto crescente na economia global. Manifesta-se de várias formas definidas em termos de sinais e sintomas. Desde 31 de Dezembro de 2019 e até [18 de] Agosto de 2020, foram notificados casos de COVID-19, incluindo 773k mortes, de 21,8M (de acordo com as definições de casos e estratégias de teste aplicadas nos países afectados). A pandemia continua a expandir-se. Mais de 188 países e territórios notificaram casos de COVID-19. O crescimento dos casos acelerou para mais de 21,8 M casos e 773k mortes a partir de [18] de Agosto de 2020. O Quénia registou mais de 30.365 casos positivos de Covid-19, mais de 482 mortes desde a sua primeira ocorrência no país.

Alguns Estados têm menos casos, outros com cem registos de transmissão comunitária precoce, e aqueles com transmissão descontrolada e generalizada têm dezenas de milhares. Os governos continuam a lançar respostas únicas em matéria de saúde pública e socioeconómica para evitar a prevalência e o impacto do contágio. Tornou-se pertinente determinar o crescimento de novos complexos de transmissão e a evidência de sazonalidade, o impacto da disfunção física, a eficácia das operações do sistema de saúde, a prontidão do sistema de saúde para navegar na recorrência e a emergência da imunidade.

Frio comum

A faixa etária mais susceptível a constipações repetidas é a das crianças. A constipação comum é uma infecção viral.

Gastroenterite

A gastroenterite viral é uma doença altamente contagiosa que se propaga por contacto, tal como partilhar alimentos ou comer e beber a partir de utensílios contaminados. Dependendo do vírus específico, a gastroenterite dura de um a dois dias ou até 10 dias. Duas causas conhecidas de gastroenterite viral são o rotavírus e o norovírus.

Garganta de Estreptococos

A garganta estreptococci é uma doença transmissível causada pela bactéria estreptococos do grupo A. A Kids Health afirma que os adolescentes são particularmente susceptíveis a estreptococos durante o ano lectivo. As bactérias da garganta estreptococci propagam-se facilmente ao espirrar, tossir ou apertar as mãos. Um teste rápido de estreptococos no consultório médico irá confirmar se os sintomas se devem a estreptococos ou a uma dor de garganta viral.

Olho-de-rosa

Pink eye é um nome comum para uma forma altamente contagiosa de conjuntivite bacteriana ou viral. O vírus que causa a constipação comum causa o olho cor-de-rosa viral. O Staphylococcus ou estreptococo causa o olho cor-de-rosa bacteriano. Para reduzir as possibilidades de propagação do olho cor-de-rosa, evitar tocar no olho infectado, lavar as mãos frequentemente e evitar a reutilização de toalhas ou panos de lavagem em contacto com o olho.

Quinta Doença

A quinta doença, um parvovírus humano, é mais comum entre as crianças e propaga-se através do contacto directo com a descarga nasal e a garganta. O exantema, uma erupção cutânea ou erupção cutânea, aparece no início da doença. A quinta doença espalha-se facilmente porque é contagiosa antes do aparecimento dos sintomas da erupção cutânea.

Gonorreia

A gonorreia, uma doença sexualmente transmissível causada pela bactéria Neisseria gonorrhea, é uma doença infecciosa comum. A actividade sexual é o principal método de propagação da doença.

Hepatite

A hepatite é uma infecção viral do fígado. Os três tipos de hepatite são a hepatite A, a hepatite B e a hepatite C. O mais prevalecente dos três tipos a nível mundial é o vírus da hepatite B. A hepatite causa inflamação do fígado que pode levar a condições de risco de vida, tais como cirrose e falência hepática.

Tosse convulsa

A tosse convulsa, ou tosse convulsa, é uma doença altamente transmissível que afecta todas as idades. Os sintomas da tosse convulsa incluem infecção respiratória, corrimento nasal, febre baixa e uma tosse ligeira que progride para uma tosse incontrolável com um tosse convulsa de alta intensidade.

Rotavirus

O rotavírus é uma infecção altamente contagiosa que afecta o sistema gastrointestinal das crianças. Os sintomas incluem náuseas, vómitos, febre e diarreia aquosa. O rotavírus é um problema notório nas creches. O vírus propaga-se a partir das fezes dos indivíduos infectados. A má técnica de lavagem das mãos após o uso da sanita espalha facilmente o rotavírus.

VIH/SIDA

O VIH (vírus da imunodeficiência humana) causa SIDA (síndrome da imunodeficiência adquirida) nas fases finais da infecção. O VIH está no sémen, no fluido vaginal e no sangue das pessoas infectadas. O sexo desprotegido e a partilha de agulhas ou seringas com portadores do VIH ou SIDA são os principais métodos de transmissão da doença.

Desastre de seca

Definições

A seca é um período de tempo seco, especialmente um longo período prejudicial para as culturas.

Mais explicações

A seca é um perigo insidioso da natureza.

É frequentemente referido como um "fenómeno rastejante" e os seus impactos variam de região para região. A seca pode, portanto, ser difícil de compreender para as pessoas.

Acidentes Ferroviários

Definição

O acidente ferroviário é um acidente que envolve um comboio.

Causas

- Avarias de Pista e de Estrada
- Falha Mecânica

- Erro Humano

O erro humano também continua a ser a principal causa de muitos acidentes ferroviários em todo o país. O termo geral "erro humano" inclui o seguinte:

- Distracção do engenheiro
- Velocidade excessiva
- Falha na travagem atempada

Efeitos dos Acidentes de Circulação Rodoviária

- Morte,
- Lesões e
- Danos à propriedade.

Crash de ar

Definição

O acidente aéreo é um acidente envolvendo um avião ou um helicóptero.

Causas

As causas mais comuns de acidentes de aviação dividem-se geralmente em três categorias.

Podem provir de:

- Erro humano,
- Clima e
- Sabotagem ou falha mecânica.

Efeitos

- Morte
- Lesão
- Perda de bens
- Prejuízos para o ambiente

Acidentes com a água

Definição

Acidente com água é um acidente envolvendo embarcação (s) na água.

Causas

As causas principais são:

- Colisões e
- Fundamentos

Efeitos

- Morte
- Lesão
- Danos à propriedade
- Poluição

Acidentes industriais

Definição

Um acidente industrial é um acontecimento repentino e imprevisto que pode resultar em ferimentos, fatalidades, danos materiais e perda de tempo de produção.

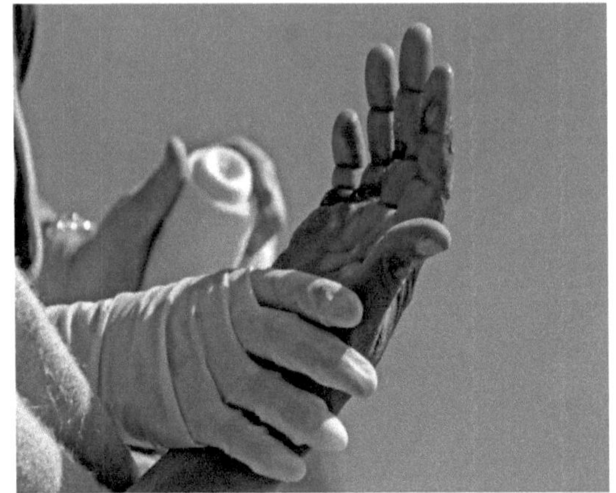

Causas

Numerosos factores podem causar acidentes, que vão desde

- Erro humano
- Avaria mecânica
- O maltrato de materiais perigosos, entre outros.

Efeitos

- Morte
- Lesões
- Danos à propriedade
- Poluição

MATERIAL PERIGOSO (CBRN&E)

- C-Chemical

- B-Biológico

- R-Radiológico

- N-Nuclear

- E-Explosivos

Desafios

O material perigoso tem desafios no que diz respeito:

- Importação

- Exportação

- Transportes

- Armazenamento

- Segurança

- Segurança

- Dupla utilização

- Eliminação

- Quadro legal

- Controlo

Quadro legal

Há muitos documentos existentes e futuros em diferentes entidades, incluindo:

- Internacional

- Regional

- Nacional

- Privado e Público

- Institucional

- Agência

- Organização

- Facilidade entre outras.

Os documentos envolvem

- Leis, regras e regulamentos existentes

- Directrizes

- Memorando de entendimento (MOU's)

- Protocolos

- Políticas

- Planos e Procedimentos Operacionais Padrão (SOPs)

- Acordos

- Estratégias

- Parcerias entre outros

Intervenientes Relevantes Internacionais e Nacionais

- Estados partes

- Nações Unidas (ONU)

- União Africana (UA)

- Comunidade da África Oriental (EAC)

- Mercado Comum para a África Oriental e Austral (COMESA)

- Agência Internacional de Energia Atómica (AIEA)

- Organização para a Convenção sobre a Proibição de Armas Químicas (OPCW)

- Comunidade para o Desenvolvimento da África Austral (SADC)

- Comunidade Económica dos Estados da África Ocidental, (CEDEAO)

- Cooperação entre os Chefes das Organizações Policiais da África Oriental (EAPCCO)

- A União Europeia (UE)

- A Comissão Europeia (CE)

- Organização dos Países Exportadores de Petróleo (**OPEP**)

- A Organização do Tratado do Atlântico Norte (OTAN), entre outros.

Controlo de material perigoso

- A produção, aquisição, transporte, armazenamento, segurança e eliminação de CBRN&E estão sob controlo por lei.

- Podem ser utilizados para fins duplos.

- Os criminosos podem aproveitá-la e utilizá-la para actividades criminosas.

Efeitos da CBRN&E

- Morte

- Lesão

- Destruição em massa

- Afecta a grande população

- Todos são materiais perigosos

Causas

- Actos criminosos

- Terrorismo

- Acidentes

- Actos de Negligência

- Erro humano

- Catástrofes naturais

Prevenção

- Quadro jurídico eficaz

- Segurança

- Segurança

- Profissionalismo

- Capacitação de manipuladores de materiais perigosos

- Aplicação estrita das leis, regras e regulamentos relevantes.

Algumas das principais Agências de Controlo de Armas Químicas

A ORGANIZAÇÃO PARA A PROIBIÇÃO DE ARMAS QUÍMICAS (OPCW) (CITAÇÃO)

"A Organização para a Proibição de Armas Químicas (OPCW) é uma organização intergovernamental e o órgão de implementação da Convenção sobre Armas Químicas, que entrou em vigor a 29 de Abril de 1997.

As actividades da OPCW e a sua estrutura organizacional central estão descritas na Convenção sobre Armas Químicas (cujos membros estão todos na OPCW). O órgão principal é a **Conferência dos Estados Partes (CSP)**, que normalmente é convocada anualmente, e na qual todos os países participam e têm direitos de voto iguais. Os países são geralmente representados na Conferência por um representante permanente na organização, que na maioria dos casos é também o embaixador nos Países Baixos. A conferência decide sobre todos os temas principais relativos à organização (por exemplo, tomar medidas de retaliação) e à convenção (aprovar directrizes, impor medidas de retaliação contra os membros). O **Conselho Executivo (CE)** é o órgão executivo da organização e é composto por 41 Estados Partes, que são nomeados pela Conferência por um período de 2 anos. O Conselho, entre outros, supervisiona o orçamento e coopera com o Secretariado Geral em todos os assuntos relacionados com a convenção. O **Secretariado Técnico (TS)** aplica a maioria das actividades mandatadas pelo Conselho e é o órgão onde trabalha a maioria dos funcionários da organização. As principais actividades da OPCW são realizadas pelas divisões de inspecção e verificação.

Todos os Estados Partes fazem contribuições para o orçamento da OPAQ/OPCW, com base numa escala modificada de avaliações da ONU. O Quénia é membro da OPAQ/OPCW.

Instalações de destruição de armas químicas

Em todas as instalações operacionais de destruição de armas químicas, realizam-se inspecções 24/7 pela OPCW no local para verificar o sucesso da destruição, bem como as quantidades de armas destruídas. Tendo em conta o ambiente perigoso em que se realizam as inspecções, estas são geralmente realizadas por avaliação através de sistemas de CCTV.

Inspecções da indústria

As inspecções destinam-se a verificar a conformidade dos Estados Partes com os requisitos impostos à produção e utilização de produtos químicos programados e a verificar se as actividades industriais dos Estados Membros foram correctamente declaradas de acordo com a obrigação estabelecida pela CWC. [1] A intensidade e a frequência das inspecções depende do tipo de produto químico produzido (por ordem decrescente: Lista 1, Lista 2, Lista 3 ou DOC, ver Produtos Químicos Programados), mas é independente da posição do Estado membro. Para as instalações dos Anexos 1 e 2, está preparado um balanço de massa para identificar se todos os produtos químicos produzidos podem ser contabilizados e se as quantidades são consistentes com as declarações feitas pelos estados membros. Além disso, nas instalações dos Anexos 2 e 3 são investigadas pistas sobre se, ao contrário da declaração e das regras da convenção, os produtos químicos do Anexo 1 são produzidos. No Anexo 3 e no DOC, o principal objectivo é verificar a declaração e verificar a ausência de unidades de produção do Anexo 2 e do Anexo 1. O limite de tempo da inspecção do Anexo 2 é de 96 horas, enquanto que as inspecções do Anexo 3 e do DOC podem demorar um máximo de 24 horas. Não há limite de tempo nas inspecções do Anexo 1.

Contestação de inspecções e investigações de alegada utilização

Em caso de alegação de utilização de armas químicas ou de produção proibida, pode ser utilizada uma inspecção para apuramento de factos, de acordo com a convenção. Nenhuma destas actividades teve lugar, embora a OPCW tenha contribuído para as investigações sobre a alegada utilização de armas químicas na Síria como parte de uma missão das Nações Unidas. A OPAQ/OPCW só efectua estas inspecções a pedido de outro Estado membro, após verificação das provas apresentadas. Para evitar uma utilização indevida, uma maioria de três quartos pode bloquear um pedido de inspecção de desafio. Além disso, a OPAQ/OPCW só pode ser envolvida depois de as soluções diplomáticas bilaterais terem falhado.

Relações com as Nações Unidas

A organização não é uma agência das Nações Unidas, mas coopera tanto em questões políticas como práticas. A 7 de Setembro de 2000, a OPCW e as Nações Unidas assinaram um acordo de cooperação que delineia a forma como deveriam coordenar as suas actividades. Além disso, os inspectores viajam no Laissez-Passer das Nações Unidas, no qual é colocado um autocolante explicando a sua posição, e privilégios e imunidades. Os Grupos Regionais das Nações Unidas também operam na OPCW para governar as rotações no Conselho Executivo e fornecer uma plataforma de discussão informal.

Sede

O edifício sede da OPCW foi concebido pelo arquitecto americano Gerhard Kallmann da Kallmann McKinnell & Wood.

A Haia foi escolhida como local para a sede da organização após um lobby bem sucedido do governo holandês, competindo contra Viena e Genebra. A organização tem a sua sede junto ao World Forum Convention Centre (onde realiza a sua Conferência anual dos Estados Partes) e uma loja de equipamento e instalações laboratoriais em Rijswijk. A sede foi oficialmente inaugurada pela Rainha Beatrix dos Países Baixos a 20 de Maio de 1998 e consiste num edifício de oito andares construído em semi-círculo. Um *memorial permanente a todas as vítimas* está presente na parte de trás do edifício e está aberto ao público.

Adesão

Artigo principal: Lista das partes da Convenção sobre Armas Químicas

Todas as 192 partes da Convenção sobre Armas Químicas são automaticamente membros da OPCW. Outros Estados que são elegíveis para se tornarem membros são Israel, que é um signatário que não ratificou a Convenção sobre Armas Químicas, e o Egipto, Coreia do Norte e Sudão do Sul, que não assinaram nem aderiram à Convenção sobre Armas Químicas, bem como a Palestina, um Estado observador da ONU, que também não assinou nem aderiu à CWC. Angola foi o Estado mais recente a submeter o seu instrumento de adesão ao tratado.

Liderança

Director-Geral da OPCW

A Organização é actualmente dirigida pelo Director-Geral, Embaixador Ahmet Üzümcü. O Embaixador Fernando Arias de Espanha assumirá o cargo em 25 de Julho de 2018 por um mandato de quatro anos.

O Director-Geral é directamente nomeado pela Conferência por um período máximo de dois mandatos de quatro anos. Apresenta-se a seguir uma panorâmica dos Directores-Gerais".

Apoio

A Organização para a Proibição de Armas Químicas (OPCW) apoia os estados membros:

- Em pedidos de assistência

- Desenvolvimento de capacidades

- Formação

- Realização de exercícios

- Aconselhamento

- Resposta a incidentes, entre outros.

AGÊNCIA INTERNACIONAL DE ENERGIA ATÓMICA (IAEA) (CITAÇÃO)

"A Agência Internacional de Energia Atómica (AIEA)

- É uma organização intergovernamental independente, de base científica e tecnológica, da família das Nações Unidas, que serve como ponto focal global para a cooperação nuclear;
- Assiste os seus Estados-Membros, no contexto de objectivos sociais e económicos, no planeamento e utilização da ciência e tecnologia nucleares para vários fins pacíficos, incluindo a produção de electricidade, e facilita a transferência de tal tecnologia e conhecimento de forma sustentável para os Estados-Membros em desenvolvimento;
- Desenvolve normas de segurança nuclear e, com base nestas normas, promove a obtenção e manutenção de elevados níveis de segurança nas aplicações da energia nuclear, bem como a protecção da saúde humana e do ambiente contra as radiações ionizantes;
- Verifica através do seu sistema de inspecção que os Estados cumprem os seus compromissos, ao abrigo do Tratado de Não-Proliferação e outros acordos de não-proliferação, de utilizar materiais e instalações nucleares apenas para fins pacíficos.

Os Estatutos da(AIEA)
Conteúdos por Artigo e Título

ARTIGO I: Criação da Agência

As Partes aqui presentes estabelecem uma Agência Internacional de Energia Atómica (a seguir denominada "a Agência") nos termos e condições a seguir estabelecidos.

ARTIGO II: Objectivos

A Agência procurará acelerar e alargar a contribuição da energia atómica para a paz, saúde e prosperidade em todo o mundo. Deverá assegurar, na medida das suas possibilidades, que a assistência por ela prestada ou a seu pedido, ou sob a sua supervisão ou controlo, não seja utilizada de modo a promover qualquer objectivo militar.

ARTIGO III: Funções

A. A Agência está autorizada:

1. Encorajar e ajudar na investigação, desenvolvimento e aplicação prática da energia atómica para fins pacíficos em todo o mundo; e, se solicitado, actuar como intermediário para assegurar a prestação de serviços ou o fornecimento de materiais, equipamento ou instalações por um membro da Agência para outro; e executar qualquer operação ou serviço útil na investigação, desenvolvimento ou aplicação prática da energia atómica para fins pacíficos;

2. Prever, em conformidade com este Estatuto, materiais, serviços, equipamento e instalações para satisfazer as necessidades de investigação, desenvolvimento e aplicação prática da energia atómica para fins pacíficos, incluindo a produção de energia eléctrica, com a devida consideração pelas necessidades das áreas subdesenvolvidas do mundo;

3. Promover o intercâmbio de informação científica e técnica sobre utilizações pacíficas da energia atómica;

4. Incentivar o intercâmbio e a formação de cientistas e peritos no domínio das utilizações pacíficas da energia atómica;

5. Estabelecer e administrar salvaguardas destinadas a assegurar que os materiais, serviços, equipamentos, instalações e informações especiais cindível e outros materiais, equipamentos e informações disponibilizados pela Agência ou a seu pedido, ou sob a sua supervisão ou controlo, não sejam utilizados de forma a promover qualquer objectivo militar; e aplicar salvaguardas, a pedido das partes, a qualquer acordo bilateral ou multilateral, ou a pedido de um Estado, a qualquer uma das actividades desse Estado no domínio da energia atómica;

6. Estabelecer ou adoptar, em consulta e, quando apropriado, em colaboração com os órgãos competentes das Nações Unidas e com as agências especializadas interessadas, normas de segurança para a protecção da saúde e minimização do perigo para a vida e propriedade (incluindo tais normas para as condições de trabalho), e prever a aplicação destas normas às suas próprias operações, bem como às operações que utilizam materiais, serviços, equipamentos, instalações e informações disponibilizadas pela Agência ou a seu pedido ou sob o seu controlo ou supervisão; e prever a aplicação destas normas, a pedido das partes, a operações ao abrigo de qualquer acordo bilateral ou multilateral, ou, a pedido de um Estado, a qualquer uma das actividades desse Estado no domínio da energia atómica;

7. Adquirir ou estabelecer quaisquer instalações, instalações e equipamentos úteis para o desempenho das suas funções autorizadas, sempre que as instalações, instalações e equipamentos de outra forma disponíveis na área em questão sejam inadequados ou estejam disponíveis apenas em termos que considere insatisfatórios.

B. No desempenho das suas funções, a Agência deve:

1. Conduzir as suas actividades em conformidade com os objectivos e princípios das Nações Unidas para promover a paz e a cooperação internacional, e em conformidade com as políticas das Nações Unidas que promovem o estabelecimento do desarmamento mundial salvaguardado e em conformidade com quaisquer acordos internacionais celebrados em conformidade com tais políticas;

2. Estabelecer o controlo sobre a utilização de materiais fissionáveis especiais recebidos pela Agência, a fim de assegurar que estes materiais sejam utilizados apenas para fins pacíficos;

3. Alocar os seus recursos de modo a assegurar uma utilização eficiente e o maior benefício geral possível em todas as áreas do mundo, tendo em conta as necessidades especiais das áreas subdesenvolvidas do mundo;

4. Apresentar anualmente relatórios sobre as suas actividades à Assembleia Geral das Nações Unidas e, quando apropriado, ao Conselho de Segurança: se, em conexão com as actividades da Agência, surgirem questões que sejam da competência do Conselho de Segurança, a Agência notificará o Conselho de Segurança, na sua qualidade de órgão principal responsável pela manutenção da paz e da segurança internacionais, e poderá também tomar as medidas que lhe são permitidas pelo presente Estatuto, incluindo as previstas no parágrafo C do artigo XII;

5. Apresentar relatórios ao Conselho Económico e Social e a outros órgãos das Nações Unidas sobre assuntos da competência desses órgãos.

C. No exercício das suas funções, a Agência não deve submeter a assistência aos membros a quaisquer condições políticas, económicas, militares, ou outras incompatíveis com as disposições do presente Estatuto.

D. Sob reserva das disposições do presente Estatuto e dos termos dos acordos celebrados entre um Estado ou um grupo de Estados e a Agência, que devem estar em conformidade com as disposições do Estatuto, as actividades da Agência são exercidas no respeito dos direitos soberanos dos Estados.

ARTIGO IV: Membros

A. Os membros iniciais da Agência serão os Estados membros da Organização das Nações Unidas ou de qualquer das agências especializadas que tenham assinado o presente Estatuto no prazo de noventa dias após a sua abertura para assinatura e que tenham depositado um instrumento de ratificação.

B. Outros membros da Agência serão os Estados, membros ou não das Nações Unidas ou de qualquer das agências especializadas, que depositarão um instrumento de aceitação dos presentes Estatutos após a sua adesão ter sido aprovada pela Conferência Geral, sob recomendação do Conselho de Governadores. Ao recomendar e aprovar um Estado para membro, o Conselho de Governadores e a Conferência Geral determinarão que o Estado pode e está disposto a cumprir as obrigações de membro da Agência, tendo em devida consideração a sua capacidade e vontade de agir de acordo com os objectivos e princípios da Carta das Nações Unidas.

C. A Agência baseia-se no princípio da igualdade soberana de todos os seus membros, e todos os membros, a fim de garantir a todos eles os direitos e benefícios resultantes da adesão, devem cumprir de boa fé a obrigação por eles assumida em conformidade com o presente Estatuto.

ARTIGO V: Conferência Geral

A. Uma Conferência Geral composta por representantes de todos os membros reunir-se-á em sessão anual regular e em sessões especiais convocadas pelo Director Geral a pedido do Conselho de Governadores ou de uma maioria de membros. As sessões realizar-se-ão na sede da Agência, salvo determinação em contrário da Conferência Geral.

B. Em tais sessões, cada membro será representado por um delegado que poderá ser acompanhado por suplentes e por conselheiros. O custo da presença de qualquer delegação será suportado pelo membro interessado.

C. A Conferência Geral elegerá um Presidente e outros oficiais que possam ser necessários no início de cada sessão. Estes exercerão funções durante toda a sessão. A Conferência Geral, sujeita às disposições do presente Estatuto, adoptará o seu próprio regulamento interno. Cada membro terá direito a um voto. As decisões nos termos do parágrafo H do artigo XIV, do parágrafo C do artigo XVIII e do parágrafo B do artigo XIX serão tomadas por uma maioria de dois terços dos membros presentes e votantes. As decisões sobre outras questões, incluindo a determinação de questões adicionais ou categorias de questões a decidir por maioria de dois terços, serão tomadas por maioria dos membros presentes e votantes. A maioria dos membros constituirá quorum.

D. A Conferência Geral pode discutir quaisquer questões ou assuntos no âmbito dos presentes Estatutos ou relacionados com os poderes e funções de quaisquer órgãos previstos nos presentes Estatutos, e pode fazer recomendações à composição da Agência ou ao Conselho de Governadores ou a ambos sobre quaisquer questões ou assuntos deste tipo.

E. A Conferência Geral:

1. Eleger membros do Conselho de Governadores, em conformidade com o artigo VI;
2. Aprovar os Estados para a adesão, em conformidade com o artigo IV;
3. Suspender um membro dos privilégios e direitos de membro, em conformidade com o artigo XIX;
4. Considere o relatório anual do Conselho de Administração;
5. Em conformidade com o artigo XIV, aprovar o orçamento da Agência recomendado pela Direcção ou devolvê-lo com recomendações sobre a sua totalidade ou partes para reapresentação na Conferência Geral;
6. Aprovar relatórios a serem apresentados às Nações Unidas, conforme exigido pelo acordo de relações entre a Agência e as Nações Unidas, excepto os relatórios referidos no parágrafo C do artigo XII, ou devolvê-los ao Conselho com as suas recomendações;
7. Aprovar qualquer acordo ou acordos entre a Agência e as Nações Unidas e outras organizações como previsto no artigo XVI ou devolver tais acordos com as suas recomendações à Direcção, para reapresentação na Conferência Geral;
8. Aprovar regras e limitações relativas ao exercício dos poderes de empréstimo pelo Conselho de Administração, em conformidade com o parágrafo G do artigo XIV; aprovar regras relativas à aceitação de contribuições voluntárias para a Agência; e aprovar, em conformidade com o parágrafo F do artigo XIV, a forma como o fundo geral referido nesse parágrafo pode ser utilizado;
9. Aprovar alterações ao presente Estatuto em conformidade com o parágrafo C do artigo XVIII;
10. Aprovar a nomeação do Director-Geral, em conformidade com o parágrafo A do artigo VII.

F. A Conferência Geral terá autoridade para o efeito:

1. Tomar decisões sobre qualquer assunto especificamente submetido à Conferência Geral para este fim pela Direcção;

2. Propor assuntos para apreciação pelo Conselho de Administração e solicitar ao Conselho relatórios sobre qualquer assunto relacionado com as funções da Agência.

ARTIGO Vl: Conselho de Governadores

A. O Conselho de Governadores será composto da seguinte forma:

1. O Conselho de Governadores cessante designará para membro do Conselho os dez membros mais avançados na tecnologia da energia atómica, incluindo a produção de matérias-primas, e o membro mais avançado na tecnologia da energia atómica, incluindo a produção de matérias-primas em cada uma das seguintes áreas em que nenhuma das dez acima referidas esteja localizada:

1. América do Norte
2. América Latina
3. Europa Ocidental
4. Europa de Leste
5. África
6. Médio Oriente e Ásia do Sul
7. Sudeste Asiático e Pacífico
8. Extremo Oriente.

2. A Conferência Geral elegerá para membro do Conselho de Governadores:

(a) Vinte membros, com a devida atenção à representação equitativa no Conselho de Administração como um todo dos membros nas áreas enumeradas no sub-parágrafo A. 1 do presente artigo, para que o Conselho de Administração inclua sempre nesta categoria cinco representantes da área da América Latina, quatro representantes da área da Europa Ocidental, três representantes da área da Europa Oriental, quatro representantes da área da África, dois representantes da área do Médio Oriente e Ásia do Sul, um representante da área do Sudeste Asiático e Pacífico, e um representante da área do Extremo Oriente. Nenhum membro desta categoria em qualquer mandato será elegível para reeleição na mesma categoria para o mandato seguinte; e

(b) Um outro membro de entre os membros nas seguintes áreas: Médio Oriente e Sul da Ásia, Sudeste Asiático e Pacífico, Extremo Oriente;

(c) Um outro membro de entre os membros nas seguintes áreas: África, Médio Oriente e Ásia do Sul, Sudeste Asiático e Pacífico.

B. As designações previstas no sub-parágrafo A- 1 do presente artigo terão lugar pelo menos sessenta dias antes de cada sessão anual regular da Conferência Geral. As eleições previstas no sub-parágrafo A- 2 do presente artigo terão lugar em sessões anuais regulares da Conferência Geral.

C. Os membros representados no Conselho de Governadores em conformidade com o sub-parágrafo A- l do presente artigo exercerão as suas funções a partir do final da próxima sessão anual regular da Conferência Geral após a sua designação até ao final da seguinte sessão anual regular da Conferência Geral .

D. Os membros representados no Conselho de Governadores em conformidade com o sub-parágrafo A- 2 do presente artigo exercerão funções a partir do final da sessão anual regular da

Conferência Geral em que são eleitos até ao final da segunda sessão anual regular da Conferência Geral a seguir.

E. Cada membro do Conselho de Governadores tem direito a um voto. As decisões sobre o montante do orçamento da Agência são tomadas por uma maioria de dois terços dos presentes e votantes, tal como previsto no parágrafo H do artigo XIV. As decisões sobre outras questões, incluindo a determinação de questões adicionais ou categorias de questões a decidir por maioria de dois terços, serão tomadas por maioria dos presentes e dos votantes. Dois terços de todos os membros do Conselho de Administração constituirão quorum.

F. O Conselho de Governadores tem autoridade para desempenhar as funções da Agência de acordo com o presente Estatuto, sujeito às suas responsabilidades perante a Conferência Geral, tal como previsto no presente Estatuto.

G. O Conselho de Governadores reunir-se-á nas datas que determinar. As reuniões realizam-se na sede da Agência, salvo determinação em contrário do Conselho de Governadores.

H. O Conselho de Governadores elege um presidente e outros funcionários de entre os seus membros e, sob reserva do disposto nos presentes Estatutos, adopta o seu próprio regulamento interno.

I. O Conselho de Governadores pode criar os comités que considere aconselháveis. O Conselho pode nomear pessoas para o representarem nas suas relações com outras organizações.

J. O Conselho de Governadores elaborará um relatório anual para a Conferência Geral sobre os assuntos da Agência e quaisquer projectos aprovados pela Agência. O Conselho preparará igualmente para apresentação à Conferência Geral os relatórios que a Agência é ou poderá ser obrigada a apresentar às Nações Unidas ou a qualquer outra organização cujo trabalho esteja relacionado com o da Agência. Estes relatórios, juntamente com os relatórios anuais, serão apresentados aos membros da Agência pelo menos um mês antes da sessão anual regular da Conferência Geral.

ARTIGO VII: Pessoal

A. O pessoal da Agência será chefiado por um Director-Geral. O Director-Geral será nomeado pelo Conselho de Governadores com a aprovação da Conferência Geral por um período de quatro anos. Ele será o principal funcionário administrativo da Agência.

B. O Director-Geral será responsável pela nomeação, organização e funcionamento do pessoal e estará sob a autoridade e o controlo do Conselho de Governadores. Desempenhará as suas funções em conformidade com os regulamentos adoptados pelo Conselho de Governadores.

C. O pessoal deve incluir o pessoal científico e técnico qualificado e outro pessoal que possa ser necessário para cumprir os objectivos e funções da Agência. A Agência pautar-se-á pelo princípio de que o seu pessoal permanente deve ser mantido a um nível mínimo.

D. A consideração primordial no recrutamento e emprego do pessoal e na determinação das condições de serviço será a de assegurar empregados com os mais elevados padrões de eficiência, competência técnica e integridade. Sujeito a esta consideração, será prestada a devida atenção às contribuições dos membros para a Agência e à importância de recrutar o pessoal numa base geográfica tão ampla quanto possível.

E. Os termos e condições em que o pessoal será nomeado, remunerado e demitido deverão estar de acordo com os regulamentos do Conselho de Governadores, sujeitos às disposições dos presentes Estatutos e às regras gerais aprovadas pela Conferência Geral sobre a recomendação do Conselho de Governadores.

F. No desempenho das suas funções, o Director-Geral e o pessoal não devem procurar ou receber instruções de qualquer fonte externa à Agência. Devem abster-se de qualquer acção que possa reflectir sobre a sua posição como funcionários da Agência; sujeitos às suas responsabilidades para com a Agência, não devem revelar qualquer segredo industrial ou outra informação confidencial de que tenham conhecimento em virtude das suas funções oficiais para a Agência. Cada membro compromete-se a respeitar o carácter internacional das responsabilidades do Director-Geral e do pessoal e não procurará influenciá-los no desempenho das suas funções.

G. Neste artigo, o termo "pessoal" inclui os guardas.

ARTIGO VIII: Intercâmbio de informações

A. Cada membro deve disponibilizar as informações que, no entender do membro, seriam úteis à Agência .

B. Cada membro colocará à disposição da Agência toda a informação científica desenvolvida em resultado da assistência alargada pela Agência nos termos do artigo XI.

C. A Agência reunirá e disponibilizará de forma acessível as informações disponibilizadas nos termos dos parágrafos A e B do presente artigo. Tomará medidas positivas para encorajar o intercâmbio entre os seus membros de informações relativas à natureza e às utilizações pacíficas da energia atómica e servirá de intermediário entre os seus membros para este fim.

ARTIGO IX: Fornecimento de materiais

A. Os membros podem colocar à disposição da Agência as quantidades de materiais cindível especiais que considerem aconselháveis e nos termos que forem acordados com a Agência. Os materiais colocados à disposição da Agência podem, a critério do membro que os disponibiliza, ser armazenados pelo membro em questão ou, com o acordo da Agência, nos armazéns da Agência.

B. Os membros podem também colocar à disposição da Agência materiais de base, tal como definidos no artigo XX e outros materiais. O Conselho de Governadores determinará as quantidades de tais materiais que a Agência aceitará ao abrigo dos acordos previstos no artigo XIII.

C. Cada membro notificará a Agência das quantidades, forma e composição dos materiais especiais cindível, matérias-primas e outros materiais que esse membro está preparado, em conformidade com as suas leis, para disponibilizar imediatamente ou durante um período especificado pelo Conselho de Governadores.

D. A pedido da Agência, um membro deve, a partir dos materiais que disponibilizou, entregar sem demora a outro membro ou grupo de membros as quantidades de materiais que a Agência possa especificar, e deve entregar sem demora à própria Agência as quantidades desses materiais que sejam realmente necessárias para operações e investigação científica nas instalações da Agência.

E. As quantidades, forma e composição dos materiais disponibilizados por qualquer membro podem ser alteradas a qualquer momento pelo membro com a aprovação do Conselho de Governadores.

F. Uma notificação inicial nos termos do parágrafo C do presente artigo deve ser feita no prazo de três meses após a entrada em vigor do presente Estatuto no que respeita ao membro em questão. Na ausência de uma decisão contrária do Conselho de Governadores, os materiais inicialmente disponibilizados serão para o período do ano civil subsequente ao ano em que o presente Estatuto entrar em vigor no que respeita ao membro em questão. Do mesmo modo, na ausência de acção contrária do Conselho de Governadores, as notificações subsequentes referir-se-ão ao período do ano civil subsequente à notificação e serão feitas o mais tardar no primeiro dia de Novembro de cada ano.

G. A Agência deve especificar o local e o método de entrega e, quando apropriado, a forma e composição dos materiais que solicitou a um membro a entregar, a partir dos montantes que esse membro notificou à Agência que está disposto a disponibilizar. A Agência verificará igualmente as quantidades de materiais entregues e comunicará periodicamente essas quantidades aos membros.

H. A Agência é responsável pelo armazenamento e protecção dos materiais na sua posse. A Agência assegurará que estes materiais sejam salvaguardados contra

1. perigos do tempo,
2. remoção ou desvio não autorizados,
3. danos ou destruição, incluindo sabotagem, e
4. apreensão forçada. Ao armazenar materiais cindível especiais na sua posse, a Agência assegura a distribuição geográfica desses materiais de modo a não permitir a concentração de grandes quantidades de tais materiais em qualquer país ou região do mundo.

I. A Agência estabelecerá ou adquirirá, logo que possível, os seguintes elementos, na medida do necessário:

1. Instalações, equipamento e instalações para a recepção, armazenamento e emissão de materiais;
2. Salvaguardas físicas;
3. Medidas adequadas de saúde e segurança;
4. Laboratórios de controlo para a análise e verificação dos materiais recebidos;
5. Alojamento e instalações administrativas para todo o pessoal necessário para o que antecede.

J. O material disponibilizado nos termos do presente artigo será utilizado conforme determinado pelo Conselho de Governadores, em conformidade com as disposições dos presentes Estatutos. Nenhum membro terá o direito de exigir que os materiais que coloca à disposição da Agência sejam mantidos separadamente pela Agência ou de designar o projecto específico em que devem ser utilizados.

ARTIGO X: Serviços, equipamento, e instalações

Os membros podem colocar à disposição da Agência serviços, equipamento e instalações que possam ser úteis para o cumprimento dos objectivos e funções da Agência.

ARTIGO XI: Projectos de agências

A. Qualquer membro ou grupo de membros da Agência que deseje estabelecer qualquer projecto de investigação, desenvolvimento ou aplicação prática da energia atómica para fins pacíficos pode solicitar a assistência da Agência para assegurar a cisão especial e outros materiais, serviços, equipamento e instalações necessários para este fim. Qualquer pedido deste tipo deve ser acompanhado de uma explicação sobre o objectivo e a extensão do projecto e deve ser considerado pelo Conselho de Governadores .

B. Mediante pedido, a Agência pode também ajudar qualquer membro ou grupo de membros a tomar providências para assegurar o financiamento necessário de fontes externas para a realização de tais projectos. Ao alargar esta assistência, a Agência não será obrigada a fornecer quaisquer garantias ou a assumir qualquer responsabilidade financeira pelo projecto.

C. A Agência pode providenciar o fornecimento de quaisquer materiais, serviços, equipamento e instalações necessários ao projecto por um ou mais membros ou pode ela própria comprometer-se a fornecer algum ou todos estes directamente, tendo em consideração os desejos do membro ou membros que fazem o pedido.

D. Para efeitos de apreciação do pedido, a Agência pode enviar para o território do membro ou do grupo de membros que faz o pedido uma pessoa ou pessoas qualificadas para examinar o projecto. Para este efeito, a Agência pode, com a aprovação do membro ou do grupo de membros que faz o pedido, utilizar membros do seu próprio pessoal ou empregar nacionais devidamente qualificados de qualquer membro.

E. Antes de aprovar um projecto ao abrigo deste artigo, o Conselho de Governadores deverá ter na devida consideração:

1. A utilidade do projecto, incluindo a sua viabilidade científica e técnica;

2. A adequação dos planos, fundos e pessoal técnico para assegurar a execução eficaz do projecto;

3. A adequação das normas de saúde e segurança propostas para o manuseamento e armazenamento de materiais e para o funcionamento das instalações;

4. A incapacidade do membro ou grupo de membros que faz o pedido para assegurar as finanças, materiais, instalações, equipamento, e serviços necessários;

5. A distribuição equitativa de materiais e outros recursos à disposição da Agência;

6. As necessidades especiais das áreas subdesenvolvidas do mundo; e

7. Quaisquer outros assuntos que possam ser relevantes.

F. Ao aprovar um projecto, a Agência celebrará um acordo com o membro ou grupo de membros que apresenta o projecto, acordo esse que deverá ser celebrado:

1. Prever a atribuição ao projecto de qualquer material fissionável especial ou outros materiais necessários;

2. Prever a transferência de materiais fissionáveis especiais do seu local de custódia, quer os materiais estejam sob custódia da Agência ou do membro que os disponibiliza para utilização em projectos da Agência, para o membro ou grupo de membros que apresentem o projecto, em condições que garantam a segurança de qualquer carregamento necessário e que cumpram as normas de saúde e segurança aplicáveis;

3. Estabelecer os termos e condições, incluindo taxas, em que quaisquer materiais, serviços, equipamento e instalações devem ser fornecidos pela própria Agência, e, se tais materiais, serviços, equipamento e instalações devem ser fornecidos por um membro, os termos e condições, tal como organizados pelo membro ou grupo de membros que apresenta o projecto e pelo membro fornecedor;

4. Incluir os compromissos do membro ou grupo de membros que apresentam o projecto: a) que a assistência prestada não será utilizada de forma a promover qualquer objectivo militar; e b) que o projecto será sujeito às salvaguardas previstas no artigo XII, sendo as salvaguardas pertinentes especificadas no acordo;

5. Tomar as disposições adequadas relativamente aos direitos e interesses da Agência e do membro ou membros envolvidos em quaisquer invenções ou descobertas, ou quaisquer patentes nelas contidas, resultantes do projecto;

6. Tomar as disposições adequadas relativamente à resolução de litígios;

7. Incluir quaisquer outras disposições que possam ser adequadas.

G. As disposições do presente artigo aplicam-se igualmente, quando apropriado, a um pedido de materiais, serviços, instalações ou equipamento relacionado com um projecto existente.

ARTIGO XII: Salvaguardas da Agência

A. Em relação a qualquer projecto da Agência, ou outro acordo em que a Agência seja solicitada pelas partes interessadas a aplicar salvaguardas, a Agência terá os seguintes direitos e responsabilidades, na medida em que tal seja relevante para o projecto ou acordo:

1. Examinar a concepção de equipamento e instalações especializadas, incluindo reactores nucleares, e aprová-lo apenas do ponto de vista da garantia de que não promoverá qualquer objectivo militar, que cumprirá as normas de saúde e segurança aplicáveis, e que permitirá a aplicação efectiva das salvaguardas previstas neste artigo;

2. Exigir a observância de quaisquer medidas de saúde e segurança prescritas pela Agência;

3. Exigir a manutenção e produção de registos de funcionamento para ajudar a assegurar a responsabilidade pela fonte e materiais especiais cindível utilizados ou produzidos no projecto ou acordo;

4. Solicitar e receber relatórios de progresso;

5. Aprovar os meios a utilizar para o processamento químico de materiais irradiados exclusivamente para assegurar que este processamento químico não se prestará ao desvio de materiais para fins militares e respeitará as normas de saúde e segurança aplicáveis; exigir que materiais especiais cindível recuperados ou produzidos como subproduto sejam utilizados para fins pacíficos sob as salvaguardas contínuas da Agência para investigação ou em reactores, existentes ou em construção, especificados pelo membro ou membros em questão; e exigir o depósito junto da Agência de qualquer excesso de materiais cindível especiais recuperados ou produzidos como subproduto em relação ao que é necessário para as utilizações acima referidas, a fim de evitar o armazenamento desses materiais, desde que posteriormente, a pedido do membro ou membros interessados, os materiais cindível especiais assim depositados junto da Agência sejam devolvidos prontamente ao membro ou membros interessados para utilização ao abrigo das mesmas disposições acima referidas.

6. Enviar para o território do Estado ou Estados receptores inspectores, designados pela Agência após consulta do Estado ou Estados interessados, que terão acesso, em qualquer momento, a todos os locais e dados e a qualquer pessoa que, em virtude da sua ocupação, trate de materiais, equipamentos ou instalações que, por força do presente Estatuto, devam ser salvaguardados, conforme necessário para ter em conta a fonte e os materiais cindíveis especiais fornecidos e os produtos cindíveis e para determinar se existe conformidade com o compromisso contra a utilização para fins militares referido no sub-parágrafo F-4 do artigo XI, com as medidas de saúde e segurança referidas no sub-parágrafo A-2 do presente artigo, e com quaisquer outras condições prescritas no acordo entre a Agência e o Estado ou Estados interessados. Os inspectores designados pela Agência devem ser acompanhados por representantes das autoridades do Estado em causa, se este o solicitar, desde que os inspectores não sejam atrasados ou impedidos no exercício das suas funções;

7. Em caso de não cumprimento e de não tomada pelo Estado ou Estados beneficiários das medidas correctivas solicitadas dentro de um prazo razoável, suspender ou cessar a assistência e retirar quaisquer materiais e equipamentos disponibilizados pela Agência ou por um membro na promoção do projecto.

B. A Agência criará, se necessário, um pessoal de inspectores. O pessoal de inspectores terá a responsabilidade de examinar todas as operações conduzidas pela própria Agência para determinar se a Agência está a cumprir as medidas de saúde e segurança prescritas pela mesma para aplicação a projectos sujeitos à sua aprovação, supervisão ou controlo, e se a Agência está a tomar as medidas adequadas para impedir que a fonte e os materiais especiais cindível sob a sua custódia ou utilizados ou produzidos nas suas próprias operações sejam utilizados para quaisquer fins militares. A Agência deve tomar imediatamente medidas correctivas para corrigir qualquer não cumprimento ou não adopção de medidas adequadas.

C. O pessoal dos inspectores tem igualmente a responsabilidade de obter e verificar a contabilidade referida no sub-parágrafo A-6 do presente artigo e de determinar se existe conformidade com o compromisso referido no sub-parágrafo F-4 do artigo XI, com as medidas referidas no sub-parágrafo A-2 do presente artigo, e com todas as outras condições do projecto prescritas no acordo entre a Agência e o Estado ou Estados interessados. Os inspectores devem comunicar qualquer incumprimento ao Director-Geral, que transmitirá seguidamente o relatório ao Conselho de Governadores. O Conselho de Governadores apelará ao Estado ou Estados beneficiários para que remedeiem imediatamente qualquer incumprimento que verifique ter ocorrido. O Conselho de Governadores comunicará o incumprimento a todos os membros e ao Conselho de Segurança e Assembleia Geral das Nações Unidas. No caso de o Estado ou Estados beneficiários não tomarem medidas correctivas completas dentro de um prazo razoável, o Conselho de Governadores poderá tomar uma ou ambas as seguintes medidas: restrição directa ou suspensão da assistência prestada pela Agência ou por um membro, e solicitar a devolução dos materiais e equipamentos postos à disposição do membro ou grupo de membros beneficiários. A Agência pode também, em conformidade com o artigo XIX, suspender qualquer membro não cumpridor do exercício dos privilégios e direitos de membro.

ARTIGO XIII: Reembolso dos membros

Salvo acordo em contrário entre o Conselho de Governadores e o membro que fornece à Agência materiais, serviços, equipamento ou instalações, o Conselho entrará em acordo com esse membro, prevendo o reembolso dos artigos fornecidos.

ARTIGO XIV: Finanças

A. O Conselho de Governadores apresentará à Conferência Geral as estimativas orçamentais anuais para as despesas da Agência. Para facilitar o trabalho do Conselho de Governadores a este respeito, o Director-Geral preparará inicialmente as estimativas orçamentais. Se a Conferência Geral não aprovar as estimativas, deverá devolvê-las juntamente com as suas recomendações ao Conselho de Administração. A Direcção submeterá então outras estimativas à Conferência Geral para a sua aprovação.

B. As despesas da Agência serão classificadas nas seguintes categorias:

1. Despesas administrativas: estas devem incluir:

a) Custos do pessoal da Agência para além do pessoal empregado em relação a materiais, serviços, equipamento e instalações referidos no subparágrafo B-2 infra; custos de reuniões; e despesas necessárias para a preparação de projectos da Agência e para a distribuição de informação;

b) Custos de implementação das salvaguardas referidas no artigo XII em relação a projectos da Agência ou, nos termos do sub-parágrafo A-5 do artigo III, em relação a qualquer acordo bilateral ou multilateral, juntamente com os custos de manuseamento e armazenagem de material cindível especial pela Agência, com excepção dos custos de armazenagem e manuseamento referidos no parágrafo E infra;

2. Despesas, para além das incluídas no parágrafo 1 do presente parágrafo, relacionadas com quaisquer materiais, instalações, instalações e equipamento adquiridos ou estabelecidos pela Agência no desempenho das suas funções autorizadas, e os custos de materiais, serviços, equipamento e instalações fornecidos pela Agência ao abrigo de acordos com um ou mais membros.

C. Ao fixar as despesas nos termos da alínea B-l (b) supra, o Conselho de Governadores deduzirá os montantes recuperáveis ao abrigo de acordos relativos à aplicação de salvaguardas entre a Agência e as partes em acordos bilaterais ou multilaterais.

D. O Conselho de Governadores repartirá as despesas referidas no subparágrafo B-1 supra, entre os seus membros, de acordo com uma tabela a ser fixada pela Conferência Geral. Ao fixar a tabela, a Conferência Geral orientar-se-á pelos princípios adoptados pelas Nações Unidas na avaliação das contribuições dos Estados Membros para o orçamento regular das Nações Unidas.

E. O Conselho de Governadores estabelecerá periodicamente uma tabela de encargos, incluindo encargos razoáveis de armazenagem e manuseamento uniformes, para materiais, serviços, equipamento e instalações fornecidos aos membros pela Agência. A tabela deve ser concebida de modo a produzir receitas para a Agência adequadas para cobrir as despesas e custos referidos no parágrafo B-2 supra, deduzidas quaisquer contribuições voluntárias que o Conselho de Governadores possa, nos termos do parágrafo F, aplicar para o efeito. O produto de tais encargos será colocado num fundo separado que será utilizado para pagar aos membros quaisquer materiais, serviços, equipamento ou instalações por eles fornecidos e para fazer face a outras despesas referidas no subparágrafo B- 2 supra que possam ser incorridas pela própria Agência.

F. Qualquer excesso das receitas referidas no parágrafo E sobre as despesas e custos aí referidos, e quaisquer contribuições voluntárias para a Agência, serão colocadas num fundo geral que pode ser utilizado como o Conselho de Governadores, com a aprovação da Conferência Geral, pode determinar.

G. Sob reserva das regras e limitações aprovadas pela Conferência Geral, o Conselho de Governadores terá autoridade para exercer poderes de empréstimo em nome da Agência sem, contudo, impor aos membros da Agência qualquer responsabilidade em relação a empréstimos contraídos nos termos desta autoridade, e aceitar contribuições voluntárias feitas à Agência.

H. As decisões da Conferência Geral sobre questões financeiras e do Conselho de Governadores sobre o montante do orçamento da Agência requerem uma maioria de dois terços dos presentes e votantes.

ARTIGO XV: Privilégios e imunidades

A. A Agência gozará no território de cada membro da capacidade jurídica e dos privilégios e imunidades necessários para o exercício das suas funções.

B. Os delegados dos membros, bem como os seus suplentes e conselheiros, os governadores nomeados para o Conselho de Administração, bem como os seus suplentes e conselheiros, e o

Director-Geral e o pessoal da Agência, gozam dos privilégios e imunidades necessários ao exercício independente das suas funções no âmbito da Agência.

C. A capacidade jurídica, os privilégios e as imunidades referidas no presente artigo serão definidos num acordo ou acordos separados entre a Agência, representada para o efeito pelo Director-Geral agindo sob instruções do Conselho de Governadores. e os membros.

ARTIGO XVI: Relação com outras organizações

A. O Conselho de Governadores, com a aprovação da Conferência Geral, está autorizado a celebrar um acordo ou acordos que estabeleçam uma relação adequada entre a Agência e as Nações Unidas e quaisquer outras organizações cujo trabalho esteja relacionado com o da Agência.

B. O acordo ou acordos que estabelecem as relações entre a Agência e as Nações Unidas devem prever:

1. Apresentação pela Agência dos relatórios previstos nas alíneas B- 4 e B- 5 do artigo III;

2. Consideração pela Agência de resoluções relativas à mesma adoptadas pela Assembleia Geral ou por qualquer dos Conselhos das Nações Unidas e apresentação de relatórios, quando solicitados, ao órgão apropriado das Nações Unidas sobre as medidas tomadas pela Agência ou pelos seus membros em conformidade com o presente Estatuto, em resultado de tal consideração.

ARTIGO XVII: Resolução de litígios

A. Qualquer questão ou litígio relativo à interpretação ou aplicação do presente Estatuto que não seja resolvido por negociação será submetido ao Tribunal Internacional de Justiça em conformidade com o Estatuto do Tribunal, a menos que as partes interessadas acordem noutro modo de resolução.

B. A Conferência Geral e o Conselho de Governadores têm poderes separados, mediante autorização da Assembleia Geral das Nações Unidas, para solicitar ao Tribunal Internacional de Justiça um parecer consultivo sobre qualquer questão jurídica que surja no âmbito das actividades da Agência .

ARTIGO XVIII: Emendas e retiradas

A. Alterações ao presente Estatuto podem ser propostas por qualquer membro. As cópias autenticadas do texto de qualquer emenda proposta serão preparadas pelo Director-Geral e comunicadas por este a todos os membros pelo menos noventa dias antes da sua apreciação pela Conferência Geral.

B. Na quinta sessão anual da Conferência Geral após a entrada em vigor do presente Estatuto, a questão de uma revisão geral das disposições do presente Estatuto será inscrita na ordem de trabalhos da referida sessão. Após aprovação por maioria dos membros presentes e votação, a revisão terá lugar na Conferência Geral seguinte. Posteriormente, as propostas sobre a questão de uma revisão geral do presente Estatuto poderão ser submetidas à decisão da Conferência Geral, de acordo com o mesmo procedimento.

C. As emendas entrarão em vigor para todos os membros quando:

(i) Aprovado pela Conferência Geral por uma maioria de dois terços dos presentes e votantes após consideração das observações apresentadas pelo Conselho de Governadores sobre cada proposta de alteração, e

(ii) Aceite por dois terços de todos os membros, de acordo com os seus respectivos processos constitucionais. A aceitação por um membro será efectuada mediante o depósito de um instrumento de aceitação junto do Governo depositário referido no parágrafo C do artigo XXI.

D. A qualquer momento após cinco anos a contar da data de entrada em vigor do presente Estatuto, nos termos do parágrafo E do artigo XXI, ou sempre que um membro não esteja disposto a aceitar uma alteração ao presente Estatuto, pode retirar-se da Agência mediante notificação escrita para o efeito dirigida ao Governo depositário referido no parágrafo C do artigo XXI, que informará imediatamente o Conselho de Governadores e todos os membros.

E. A retirada de um membro da Agência não afecta as suas obrigações contratuais assumidas nos termos do artigo XI nem as suas obrigações orçamentais para o ano em que se retira.

ARTIGO XIX: Suspensão de privilégios

A. Um membro da Agência que esteja em atraso no pagamento das suas contribuições financeiras à Agência não terá direito de voto na Agência se o montante das suas contribuições em atraso for igual ou superior ao montante das contribuições devidas pela Agência nos dois anos anteriores. A Conferência Geral pode, no entanto, permitir que tal membro vote se estiver convencido de que a falta de pagamento se deve a condições fora do controlo do membro.

B. Um membro que tenha violado persistentemente as disposições do presente Estatuto ou de qualquer acordo por ele celebrado nos termos do presente Estatuto pode ser suspenso do exercício dos privilégios e direitos de membro pela Conferência Geral agindo por uma maioria de dois terços dos membros presentes e votando sob recomendação do Conselho de Governadores.

ARTIGO XX: Definições

Tal como utilizado neste Estatuto:

1. O termo "material fissionável especial" significa plutónio-239; urânio- 233; urânio enriquecido nos isótopos 235 ou 233; qualquer material que contenha um ou mais dos anteriores; e qualquer outro material fissionável como o Conselho de Governadores deve, de tempos a tempos, dissuadir a mina; mas o termo "material fissionável especial" não inclui o material de origem.

2. O termo "urânio enriquecido nos isótopos 235 ou 233" significa urânio contendo os isótopos 235 ou 233 ou ambos numa quantidade tal que a relação de abundância da soma destes isótopos para o isótopo 238 seja superior à relação do isótopo 235 para o isótopo 238 que ocorre na natureza .

3 . O termo "matéria-prima" significa urânio contendo a mistura de isótopos que ocorrem na natureza; urânio empobrecido no isótopo 235; tório; qualquer dos materiais acima referidos sob a forma de metal, liga, composto químico, ou concentrado; qualquer outro material contendo um ou mais dos materiais acima referidos na concentração que o Conselho de Governadores determinará de tempos a tempos; e qualquer outro material que o Conselho de Governadores determinará de tempos a tempos.

ARTIGO XXI: Assinatura, aceitação, e entrada em vigor

A. O presente Estatuto está aberto para assinatura em 26 de Outubro de 1956 por todos os Estados membros da Organização das Nações Unidas ou de qualquer uma das agências especializadas e permanece aberto para assinatura por esses Estados durante um período de noventa dias.

B. Os Estados signatários devem tornar-se partes no presente Estatuto mediante o depósito de um instrumento de ratificação.

C. Os instrumentos de ratificação pelos Estados signatários e os instrumentos de aceitação pelos Estados cuja adesão tenha sido aprovada nos termos do parágrafo B do artigo IV dos presentes Estatutos serão depositados junto do Governo dos Estados Unidos da América, aqui designado como Governo depositário.

D. A ratificação ou aceitação do presente Estatuto deve ser efectuada pelos Estados de acordo com os respectivos processos constitucionais.

E. O presente Estatuto, com excepção do Anexo, entrará em vigor quando dezoito Estados tiverem depositado instrumentos de ratificação em conformidade com o parágrafo B do presente artigo, desde que esses dezoito Estados incluam pelo menos três dos Estados seguintes: Canadá, França, a União das Repúblicas Socialistas Soviéticas, o Reino Unido da Grã-Bretanha e Irlanda do Norte e os Estados Unidos da América. Os instrumentos de ratificação e os instrumentos de aceitação depositados posteriormente produzirão efeitos a partir da data da sua recepção.

F. O Governo depositário informará imediatamente todos os Estados signatários do presente Estatuto da data de cada depósito de ratificação e da data de entrada em vigor do Estatuto. O Governo depositário informará prontamente todos os signatários e membros das datas em que os Estados se tornem posteriormente partes nos presentes Estatutos.

G. O Anexo ao presente Estatuto entra em vigor no primeiro dia em que o presente Estatuto estiver aberto para assinatura.

ARTIGO XXII: Inscrição junto das Nações Unidas

A. Os presentes Estatutos serão registados pelo Governo depositário nos termos do artigo 102º da Carta das Nações Unidas.

B. Os acordos entre a Agência e qualquer membro ou membros, os acordos entre a Agência e qualquer outra organização ou organizações, e os acordos entre membros sujeitos à aprovação da Agência, devem ser registados na Agência. Tais acordos serão registados pela Agência junto das Nações Unidas, se o registo for exigido nos termos do artigo 102 da Carta das Nações Unidas.

ARTIGO XXIII: Textos autênticos e cópias autenticadas

Este Estatuto, redigido nas línguas chinesa, inglesa, francesa, russa e espanhola, sendo cada uma igualmente autêntica, será depositada nos arquivos do Governo depositário. As cópias devidamente autenticadas do presente Estatuto serão transmitidas pelo Governo depositário aos Governos dos outros Estados signatários e aos Governos dos Estados admitidos à adesão nos termos do parágrafo B do artigo IV.

Em testemunho do que os abaixo assinados, devidamente autorizados, assinaram o presente Estatuto.

FEITO na Sede das Nações Unidas, neste vigésimo sexto dia de Outubro, mil novecentos e cinquenta e seis.

ANEXO: COMISSÃO PREPARATÓRIA

A. Uma Comissão Preparatória entrará em funções no primeiro dia em que este Estatuto estiver aberto para assinatura. Será composta por um representante cada um da Austrália, Bélgica, Brasil, Canadá, Checoslováquia, França, Índia, Portugal, União da África do Sul, União das

Repúblicas Socialistas Soviéticas, Reino Unido da Grã-Bretanha e Irlanda do Norte, e Estados Unidos da América, e um representante cada um de seis outros Estados a serem escolhidos pela Conferência Internacional sobre o Estatuto da Agência Internacional da Energia Atómica. A Comissão Preparatória continuará a existir até à entrada em vigor do presente Estatuto e, posteriormente, até que a Conferência Geral tenha sido convocada e um Conselho de Governadores tenha sido seleccionado de acordo com o artigo VI.

B. As despesas da Comissão Preparatória podem ser cobertas por um empréstimo concedido pelas Nações Unidas e, para o efeito, a Comissão Preparatória fará as diligências necessárias junto das autoridades competentes das Nações Unidas, incluindo as modalidades de reembolso do empréstimo por parte da Agência. Caso estes - fundos sejam insuficientes, a Comissão Preparatória pode aceitar adiantamentos dos Governos. Tais adiantamentos podem ser imputados às contribuições dos Governos em causa para a Agência.

C. A Comissão Preparatória:

1. Eleger os seus próprios oficiais, adoptar o seu próprio regulamento interno, reunir-se sempre que necessário, determinar o seu próprio local de reunião e estabelecer as comissões que considerar necessárias;

2. Nomear um secretário executivo e o pessoal que for necessário, que exercerá os poderes e desempenhará as funções que a Comissão determinar;

3. Tomar providências para a primeira sessão da Conferência Geral, incluindo a preparação de uma ordem do dia provisória e de um projecto de regulamento interno, sessão essa a ser realizada o mais cedo possível após a entrada em vigor do presente Estatuto;

4. Efectuar as designações para membros do primeiro Conselho de Governadores de acordo com os sub-parágrafos A- 1 e A- 2 e o parágrafo B do artigo VI;

5. Fazer estudos, relatórios e recomendações para a primeira sessão da Conferência Geral e para a primeira reunião do Conselho de Governadores sobre assuntos de interesse para a Agência que exijam atenção imediata, incluindo (a) o financiamento da Agência; (b) os programas e orçamento para o primeiro ano da Agência; (c) problemas técnicos relevantes para o planeamento antecipado das operações da Agência; (d) a criação de um pessoal permanente da Agência; e (e) a localização da sede permanente da Agência;

6. Fazer recomendações para a primeira reunião do Conselho de Governadores relativamente às disposições de um acordo da sede que defina o estatuto da Agência e os direitos e obrigações que existirão na relação entre a Agência e o Governo anfitrião;

7. a) Entrar em negociações com as Nações Unidas com vista à preparação de um projecto de acordo em conformidade com o artigo XVI dos presentes Estatutos, devendo esse projecto de acordo ser submetido à primeira sessão da Conferência Geral e à primeira reunião do Conselho de Governadores; e

(b) fazer recomendações à primeira sessão da Conferência e à primeira reunião do Conselho de Governadores sobre a relação da Agência com outras organizações internacionais, tal como previsto no artigo XVI dos presentes Estatutos".

Fatos sobre a AIEA

Adesão: 169 estados membros

Formação: 29 de Julho de 1957

Abreviatura: AIEA

Sede central: Viena, Áustria

Apoio
Agência Internacional de Energia Atómica (AIEA) Apoiar os estados membros:

- Em pedidos de assistência

- Desenvolvimento de capacidades

- Aconselhamento

- Inspecção

- Investigação

- Educação

- Desenvolver Capacidades Nucleares entre outras.

CAPÍTULO 3

PROCEDIMENTOS DURANTE UMA EMERGÊNCIA

Objectivos de aprendizagem

O aprendente será capaz de:-

- Evacuar para o ponto de reunião.
- Montar no ponto de reunião para prestação de contas.

Emergência
Definição

Uma **emergência** é uma situação que representa um risco imediato para a <u>saúde</u>, <u>vida</u>, <u>propriedade</u>, ou <u>ambiente</u>.

Durante uma emergência, é aconselhável que o faça:

- Gritar por ajuda.
- Pedido de ajuda.
- Pedir ajuda.
- Ajudar aqueles que pedem ajuda, mas lembre-se que a sua segurança é a primeira.

Durante uma emergência, é aconselhado a fazê-lo:

- Telefone para qualquer um dos números de telefone de emergência a pedir ajuda.
- Diga o seu nome e morada.

Explicar:

- O que aconteceu?
- Quem o fez?
- Onde?
- Quando?
- Porquê?
- Como?

Evacuação

A evacuação é a acção de evacuação de uma pessoa ou de um lugar.

Em caso de emergência de incêndio, aconselha-se a evacuação para o ponto de montagem mais próximo.

Para outras emergências, incluindo ataques criminosos ou terroristas, correr, esconder-se e lutar como último recurso e nunca permitir que seja morto como uma barata.

Durante a evacuação é aconselhado a fazê-lo:

- Observe a sua segurança.
- Levem convosco o vosso saco de evacuação de emergência.
- Evitar obstáculos.
- Vá num único ficheiro.
- Não ultrapassar.
- Em caso de incêndio, correr para o ponto de montagem.
- Em caso de ataque criminoso, desaparecem completamente.
- Ao ser notificado de um ataque criminoso, esconder-se ou lutar como último recurso.
- Nunca voltar até ser seguro.
- Em caso de incêndio não voltar a entrar no edifício.

Rotas de emergência

- É importante conhecer as suas rotas de emergência e pensar numa rota alternativa.
- Esteja familiarizado com o seu ambiente e a sua vizinhança.
- Entrada/saída
- Obstáculos (dentro e fora)

Transportes

- Escolher o melhor transporte para lhe permitir evacuar facilmente.
- Ser leve e nunca transportar sacos pesados.

- Pense no seu saco de evacuação de emergência.

- Pé

- Móvel (Rodoviário, Aéreo, Ferroviário)

Saco de evacuação de emergência
Definição

O saco de evacuação de emergência é um saco cheio de artigos essenciais, mantido pronto a ser utilizado no caso de uma evacuação de emergência.

- Portátil

- Equipado com documentos importantes,

- Artigos essenciais e básicos para as necessidades básicas,

- Nas proximidades (acessível no mais curto espaço de tempo, mesmo à noite),

- Serviced (actualizado e alterado o que deve ser substituído)

- Seguro.

Lista de artigos num saco de evacuação de emergência

O kit inclui artigos essenciais e espaço extra para artigos pessoais, incluindo

- Medicamentos,
- Alimentação,
- Par de Roupas,
- Casaco,
- Sapatos planos,
- Documentos importantes,
- Dinheiro.
- Tocha,
- Pequenas ferramentas importantes
- Qualquer outro

Procedimento de Evacuação de Emergência

- Ao reparar no alarme, pegue na sua mala e saia a correr,

- Alerte o seu vizinho,

- Manter um único ficheiro,

- Nenhuma ultrapassagem,

- Seguir o caminho mais seguro (atenção à sua segurança e protecção),

- Nada de puxar ou segurar em ninguém,

- Transportar os doentes ou feridos (ser o último a evacuar),

- Ajudar os jovens, os idosos e os deficientes,

- No caso do seu edifício estar em chamas, saia com o seu saco de emergência e enquanto lá fora formule objectivos rápidos e priorize as suas acções e peça ajuda.

Ponto de Montagem & Responsabilização

Definição

O ponto de encontro é um local designado onde as pessoas foram aconselhadas a esperar após a evacuação de um edifício ou de um escritório.

Aproximação ao ponto de montagem:

- Todas as pessoas são aconselhadas a reunir-se de forma ordeira para facilitar a contagem.
- A primeira pessoa a chegar deve ajudar os outros a formarem-se de forma ordeira.
- Observar o tempo da primeira pessoa e da última pessoa a chegar ao ponto de reunião
- Nunca voltar para o local ou estrutura ou edifício em chamas.

No **ponto de montagem o Comandante do Incidente irá:-**

- Contem todos para a prestação de contas.
- Atribuir papéis.
- Fazer briefing.
- Fazer o debriefing

CAPÍTULO 4

PESSOAS IMPORTANTES , COMUNICAÇÃO, LIDERANÇA, COORDENAÇÃO, COMANDO E CONTROLO

Objectivos de aprendizagem

O aprendente será capaz de o fazer:

- Identificar personalidades importantes.
- Obter ajuda de pessoas importantes

Pais

Poucos Factos sobre os Pais

- Pessoas muito importantes nas nossas vidas.
- Se não tiver pais, tem um tutor.
- Para além dos pais, temos familiares.
- Para além de parentes, temos amigos.
- Para além dos amigos, temos inimigos.
- Tudo gira em torno da família e da Comunidade.

Responsabilidades a dois níveis

- Espera-se que as crianças cooperem e respeitem os seus pais.
- As crianças podem ser assistidas pelos seus pais.

Professor

Responsabilidades a dois níveis

Espera-se que os estudantes cooperem e respeitem os seus professores.

Os estudantes podem procurar a ajuda de um professor.

Poucos factos sobre Professores

- Pessoas muito importantes nas nossas vidas.

- Trabalham em escolas e outras instituições de ensino.

- O director de um director é o administrador da escola.

- O professor da turma é responsável pela administração de uma determinada turma.

- O professor de serviço é responsável pelas actividades escolares e disciplina para os alunos ou estudantes durante esse período de serviço.

- O mestrado em orientação e aconselhamento é responsável pelo aconselhamento de alunos ou estudantes numa escola.

- Os prefeitos e os representantes das turmas são responsáveis por ajudar os seus colegas alunos ou estudantes a garantir que temos ordem nas instituições de ensino.

- O Presidente da Escola ou Prefeito Principal ou Líder Estudantil é responsável por orientar os colegas e estudantes e ligar a liderança da escola aos alunos ou estudantes.

Doutor

Responsabilidades a dois níveis

Espera-se que os estudantes cooperem e respeitem os seus médicos.

Os estudantes podem procurar tratamento junto de um médico.

Poucos factos sobre médicos

- Os médicos são pessoas muito importantes.

- Trabalham com agentes clínicos e enfermeiros.

- Eles examinam, tratam e cuidam dos doentes.

- Realizam a autópsia dos cadáveres após a morte.

- Trabalham em hospitais e ambulâncias.

Sacerdote

Responsabilidades a dois níveis

Espera-se dos estudantes que cooperem e respeitem os seus sacerdotes.

Os estudantes podem procurar a ajuda do padre.

Poucos factos sobre padres

- Os sacerdotes são pessoas muito importantes.
- Trabalham nas igrejas.
- Eles pregam o evangelho.
- Eles guiam os seguidores.

- Ajudam as pessoas.
- Eles apoiam governos legítimos.

Imã

Responsabilidades a dois níveis

Espera-se que os estudantes cooperem e respeitem os seus imãs.

Os estudantes podem procurar a ajuda do Imã.

Poucos factos sobre o Imã

- O Imã é uma pessoa muito importante.
- Trabalham em mesquitas.
- Eles pregam o Alcorão.
- Eles guiam os seguidores.
- Ajudam as pessoas.
- Eles apoiam governos legítimos.

Oficiais de Polícia

Responsabilidades a dois níveis

Espera-se que os estudantes cooperem e respeitem os agentes da Polícia ou as agências de aplicação da lei.

Os estudantes podem procurar a ajuda da polícia ou de agências de aplicação da lei.

Poucos factos sobre agentes da polícia

- Os agentes da polícia são pessoas importantes.
- A proteger as pessoas.
- Ajudar as pessoas.
- Aplicar leis, regras e regulamentos.
- Prender os infractores.
- Acusar os infractores.
- Controlar o tráfego.
- Investigar incidentes.
- Bloquear os suspeitos nas celas.
- Implantados em esquadras de polícia e noutros locais relevantes, de acordo com o seu mandato.

Primeiros Socorros

Responsabilidades a dois níveis

Espera-se que os estudantes cooperem e respeitem os Primeiros Socorros.

Os estudantes podem procurar ajuda dos Primeiros Socorros

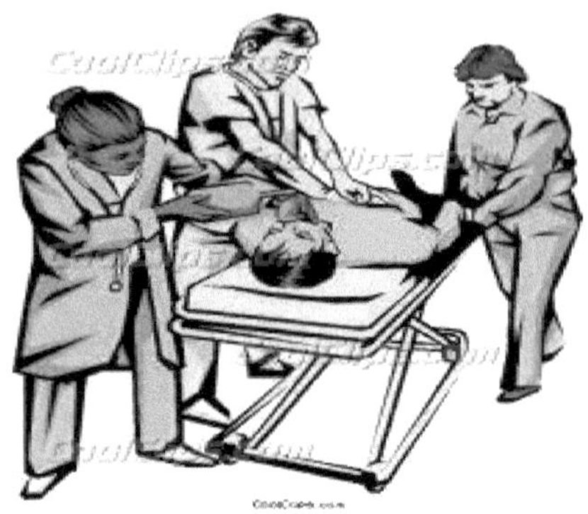

Poucos factos sobre os Primeiros Socorristas

- Pessoas muito importantes.
- Oferecer primeiros socorros de emergência.
- Prestar tratamento de emergência, cuidados e transporte aos doentes e feridos.
- Trabalham em Ambulâncias e Hospitais como socorristas.
- Alguns trabalham em organizações ou agências relevantes.
- Apoiam o tratamento de emergência, os cuidados e documentam a informação dos pacientes.

Bombeiros

Responsabilidades a dois níveis

Espera-se que os estudantes cooperem e respeitem os bombeiros.

Os estudantes podem procurar a ajuda de bombeiros.

Poucos factos sobre os bombeiros

- Os bombeiros são pessoas muito importantes.
- São especialistas em extinção e gestão de incêndios.

- Operam sabendo operar o equipamento de extinção de incêndios.
- Realizam auditoria e investigação de incêndios.
- São empregados em departamentos e agências de bombeiros.

Comandante do Incidente

Definição

O Comandante de Incidentes (CI) é a pessoa responsável por todos os aspectos de uma resposta de emergência; incluindo o rápido desenvolvimento de objectivos de **incidentes**, a gestão de todas as operações **incidentes**, a aplicação de recursos, bem como a responsabilidade por todas as pessoas envolvidas.

Responsabilidades a dois níveis

Espera-se que os estudantes cooperem e respeitem os Comandantes de Incidentes.

Os estudantes são jovens Comandantes de Incidentes.

Responsabilidades de um Comandante de Incidente (IC)

O **Comandante do Incidente** - (IC) é responsável pela direcção e/ou controlo de recursos em virtude de autoridade legal explícita, agência, ou autoridade delegada. O indivíduo responsável pela gestão global da resposta é chamado de Comandante do Incidente. Para as respostas no âmbito do Sistema Nacional de Resposta (NRS), o Coordenador On-Scene (OSC) pré-designado assume geralmente o papel de Comandante do Incidente.

O CI é responsável por todos os aspectos da resposta, incluindo o desenvolvimento de objectivos de incidentes e a gestão de todas as operações incidentes. O IC estabelece prioridades e define a organização do ICS para a resposta específica. Mesmo que não sejam atribuídas outras posições, o CI será sempre designado.

O CI pode designar deputados, que podem ser da mesma agência, ou de agências de assistência. Os deputados também podem ser utilizados a nível de secção e filial da organização do ICS. Os deputados devem ter as mesmas qualificações que a pessoa para quem trabalham, pois devem estar preparados para assumir esse cargo em qualquer altura.

O CI é confrontado com muitas responsabilidades quando ele/ela chega ao local. A não ser que seja especificamente atribuído a outro membro do Comando ou do General Staffs, estas responsabilidades permanecem com o CI.
Algumas das responsabilidades mais complexas incluem:

- Rever as <u>Responsabilidades Comuns</u>.
- Avaliar a situação e/ou obter um briefing do CI anterior.
- Breve Staff de Comando e Chefes de Secção.
- <u>Reuniões de</u> revisão e briefings.
- Estabelecer prioridades imediatas, especialmente a segurança dos socorristas, outros trabalhadores de emergência, transeuntes, e pessoas envolvidas no incidente.
- Estabelecer uma organização apropriada.
- Aprovar a utilização de estagiários, voluntários, e pessoal auxiliar.
- Estabilizar o incidente, garantindo a segurança da vida e gerindo os recursos de forma eficiente e rentável.
- Determinar objectivos e estratégia incidentes para alcançar os objectivos.
- Autorizar a divulgação de informação aos meios de comunicação social.
- Assegurar que as reuniões de planeamento são agendadas conforme necessário.
- Estabelecer e monitorizar a organização de incidentes.
- Aprovar a implementação do Plano de Acção de Incidentes escritos ou orais (IAP).
- Assegurar que estão em vigor medidas de segurança adequadas.
- Actividade coordenada para todo o Comando e Estado-Maior.
- Coordenar com pessoas-chave e funcionários.
- Aprovar pedidos de recursos adicionais ou de liberação de recursos.
- Manter o administrador da agência informado sobre o estado do incidente.
- Assegurar que o <u>Resumo do Estado do</u> incidente seja completado e encaminhado para a autoridade superior apropriada.
- Ordenar a desmobilização do incidente quando apropriado.

Estrutura de Comando de Incidentes

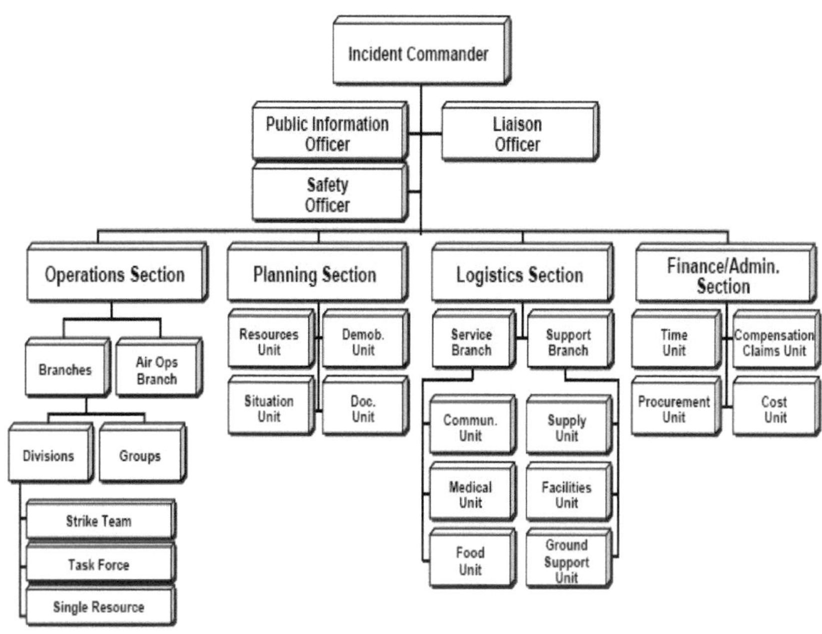

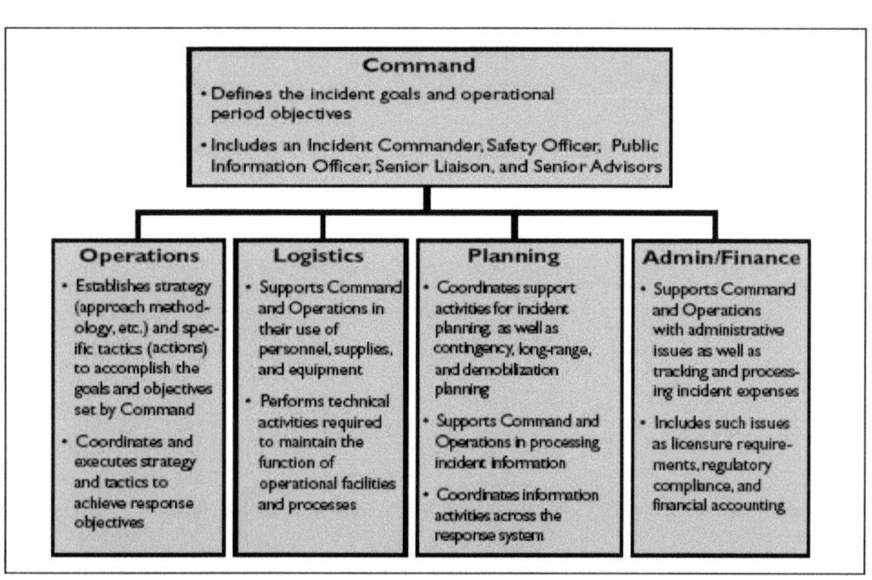

Pessoal de Comando

O pessoal de comando inclui o seguinte:

- Comando de Incidente (IC)
- Comandante(s) do(s) Incidente(s) Adjunto(s)
- Oficial de Segurança.
- Responsável de Informação Pública.

Pessoal Geral

O Pessoal Geral inclui o seguinte:

- Operações.
- Planeamento.
- Finanças e Administração.
- Logística

Instalações de Incidente

As instalações para incidentes incluem:

- Posto de Comando.
- Rotas de entrada/saída.
- Cordão interior.
- Cordão exterior.
- Área de encenação.
- Acampamentos.
- Helispot.
- Heliporto
- Centros de Operações de Emergência.
- Acampamento.

CAPÍTULO 5

INSTALAÇÕES E RECURSOS IMPORTANTES

Início

Factos sobre casas

- Os estudantes vivem na casa dos seus pais ou tutores.
- Temos casas permanentes e semi-permanentes.
- As casas têm desenhos diferentes.
- Temos casas rurais e urbanas.
- Temos propriedades e casas individuais.
- Temos casas governamentais ou de instituições, organizações ou agências ou empresas.
- Também temos abrigos que foram convertidos em casas e lares.
- Temos campos por causa de emergências e catástrofes.
- Temos campos militares ou policiais.
- Os batedores também vivem em campos.

Escola

Fatos sobre a Escola

- Os alunos vão para aprender numa escola.
- Temos escolas públicas e privadas.
- Temos outras instituições de ensino como universidades e colégios.
- Temos escolas primárias e secundárias.
- Temos academias.
- Temos nrseries e jardim-de-infância.

Igreja

Fatos sobre uma Igreja

- Os estudantes vão para a adoração numa igreja.
- Os seguidores da igreja adoram na igreja.
- A igreja é utilizada como escola dominical.
- Durante uma emergência e uma catástrofe, uma Igreja pode ser utilizada como uma instalação de emergência.

- As pessoas deslocadas procuram abrigo na construção e no recinto da igreja.

Mesquita

Fatos sobre uma Mesquita

- Os estudantes vão para a adoração numa Mesquita.
- Os seguidores islâmicos adoram na Mesquita.
- A mesquita é utilizada como escola islâmica.
- Durante uma emergência e uma catástrofe, uma Mesquita pode ser utilizada como uma instalação de emergência.
- As pessoas deslocadas procuram abrigo no edifício e complexo da Mesquita.

Hospital

Fatos sobre o Hospital

- Os estudantes vão para tratamento num hospital.
- Todas as pessoas procuram ou feridas procuram cuidados médicos nos hospitais.
- Temos hospitais públicos e privados.
- Temos hospitais de missão.
- Temos hospitais de referência.
- Temos dispensários e clínicas.

- Temos hosptal de campo durante uma emergência ou catástrofe.
- Durante uma emergência ou catástrofe, alguns outros locais ou instalações podem ser temporariamente convertidos em hospitais.
- Temos Hospitais Militares.
- Os pacientes são examinados, tratados em hospitais como doentes internados ou ambulatórios.
- Em alguns hospitais, o paciente paga dinheiro por serviços e medicamentos.
- Em alguns hospitais, os doentes usam cobertura de seguro como o Fundo Nacional de Seguro Hospitalar (NHIF), entre outros.

Bombeiros

Factos sobre os Bombeiros

- Os estudantes podem obter assistência dos bombeiros e da esquadra de polícia.
- Os carros de bombeiros estão estacionados nos postos de bombeiros.
- Temos bombeiros públicos e privados, estações e motores.
- Os quartéis de bombeiros trabalham em colaboração com as partes interessadas como a polícia.
- Os quartéis de bombeiros coordenam as emergências e desastres em colaboração com a polícia e outras partes interessadas.
- Em alguns países, o quartel dos bombeiros é casa junto com a esquadra da polícia.

Esquadra de Polícia

Factos sobre a esquadra de polícia

- Os estudantes podem fazer relatórios sobre um incidente numa esquadra da polícia.
- Qualquer pessoa pode procurar assistência junto de uma esquadra de polícia.
- A esquadra de polícia inclui bases de patrulha, postos, esquadras, acampamentos e escritórios da polícia até à sede da polícia.
- Na esquadra de polícia temos gabinete de relatórios, outros gabinetes e celas.
- Temos propriedades e linhas.
- Alguns agentes da polícia residem dentro de propriedades civis.

Ambulância

Fatos sobre ambulância

- Os estudantes podem ser transportados por uma ambulância para os hospitais.
- Temos ambulâncias públicas e privadas.
- As ambulâncias estão entre os veículos dos serviços de emergência.
- Uma ambulância tem um direito de passagem e prioridade sobre os outros utentes da estrada.
- As ambulâncias são utilizadas para transportar pessoas à procura e feridas.
- Temos diferentes categorias de ambulâncias.

Veículo policial

Fatos sobre veículo policial

- Um veículo policial pode ajudar a transportar crianças perdidas para a casa dos pais ou tutores.
- A viatura da polícia é utilizada pelos serviços de polícia para servir o público.
- Temos diferentes tipos de veículos da polícia.
- Os veículos da polícia têm estacionamento oficial na esquadra de polícia.
- Os veículos da polícia têm direito de passagem sobre outras utilizações da estrada durante uma emergência.
- Os veículos da polícia são veículos de transporte de caprinos.
- Os veículos da polícia não devem ser mal utilizados ou envolvidos em negócios privados.
- Os veículos da polícia não devem ser conduzidos por pessoas não autorizadas.

Veículo de equipamento de combate a incêndios

Fatos sobre veículo de combate a incêndios

- Um veículo de equipamento de combate a incêndios pode ajudar a extinguir o fogo.
- Temos bombeiros públicos e privados.
- Os bombeiros têm prioridade sobre os outros utentes da estrada durante uma emergência.
- Os carros de bombeiros são também utilizados como veículo de busca e salvamento.
- Os bombeiros têm a capacidade de lidar com materiais perigosos.

Extintor de incêndio

Fatos sobre extintores de incêndio

- Os estudantes podem usar um extintor de incêndio para apagar o fogo.
- Os extintores de incêndio estão em classes diferentes.
- Os extintores de incêndio são utilizados para extinguir pequenos incêndios.
- Os extintores de incêndio têm capacidades limitadas.

Classes de extintores de incêndio

Existem quatro classes de extintores - A, B, C e D - e cada classe pode apagar um tipo diferente de incêndio.

Os extintores de classe A apagarão incêndios em combustíveis comuns como a madeira e o papel.

Os extintores de classe B são para utilização em líquidos inflamáveis como gordura, gasolina e óleo.

Os extintores de classe C são adequados para utilização apenas em incêndios com energia eléctrica.

Os extintores de classe D são concebidos para utilização em metais inflamáveis.

Como utilizar um extintor de incêndio?

Em primeiro lugar, deve ser treinado sobre como usar um extintor de incêndio.

- Conhecer os tipos de incêndio e extintores de incêndio.
- Retirar o extintor do cofre,
- Segurem-no firmemente.
- Segurar o cavalo e apontar para a base da fogueira.
- Retirar o alfinete de segurança.
- Apontar para o fogo.
- Apontar para a base do incêndio.
- Apertar o gatilho.
- Varrer o fogo.

Use a sigla PASS

- P - Apontar para o fogo e remover o pino de segurança.
- A-Apontar à base.
- S- Apertar o gatilho
- S-swipe the fire

CAPÍTULO 6

DESAFIOS (FAZER E NÃO FAZER)

Objectivos de aprendizagem
O aprendente será capaz de o fazer:

- Identificar os "do's".
- Identificar os don'ts.

A supervisão dos seus **filhos** é fundamental para a sua **segurança**, porque:

- **Os estudantes** não compreendem o perigo.
- **Os estudantes** são naturalmente curiosos e querem explorar o mundo à sua volta - e lembrem-se, quanto mais móveis ficam, mais aventureiros se tornam!
- **Os estudantes** podem vaguear num piscar de olhos.

Do's

- Respeitem os vossos pais.
- Respeite os seus professores.
- Respeitar o padre.
- Respeitar o Imã.
- Respeite o seu médico.
- Obedecer à lei.
- Obedecer à polícia.
- Obedecer ao bombeiro.
- Obedecer ao primeiro socorrista.
- Obedecer ao Comandante do Incidente

Não

- Não ir a um lugar de catástrofe.
- Não brincar na estrada.
- Não brincar na água.
- Não brincar com o fogo.
- Não obedecer às ordens dos terroristas.
- Não se abrigar debaixo da árvore.
- Não escolher objectos desconhecidos.
- Não se misturar com estranhos.
- Não obedecer a ordens de pistoleiros.
- Não aceitar visitar casas de estranhos.

CAPÍTULO 7

VERIFICAÇÃO DE CONHECIMENTOS (QUIZ & EXERCÍCIOS)

Objectivos de aprendizagem

O aprendente será capaz de o fazer:

- Lembre-se de tudo sobre cada capítulo.

- Gerir a emergência e o desastre.

REVISÃO (QUIZ)

Quiz 1 - Capítulo 1.

Quiz 2 - capítulo 2.

Quiz 3 - Capítulo 3.

Quiz 4 - Capítulo 4.

Quiz 5 - Capítulo 5.

Quiz 6 - Capítulo 6.

ktn NEWS
LIVE HURUMA
#WeekendPrime
PIUS MASAI
WEEKEND PRIME
NDMU

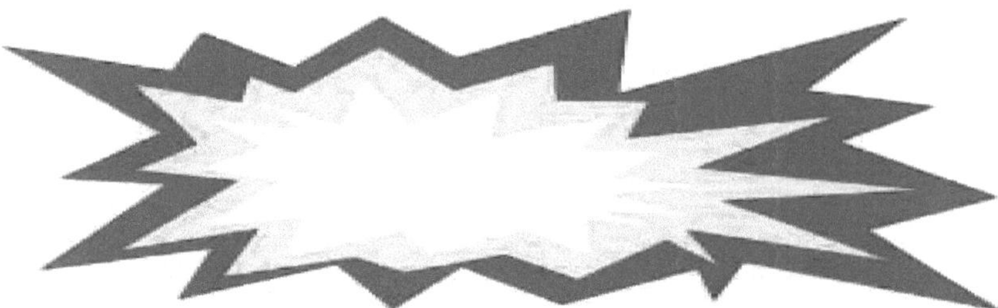

Preço: 8 USD

Printed by Books on Demand GmbH, Norderstedt / Germany